어색한 한국식 영어가 진짜 원어민 영어가 된다!

매일 10분
원어민영어
클리닉의 기적

키 영어학습방법연구소

교육 R&D에 앞서가는
Key 키출판사

한국식 어색한 영어 표현을 바로잡고 싶다면?
매일 10분 <u>원어민 영어 클리닉</u>의 기적!

1

외국인과의 영어 대화, 더 이상의 오해는 없다!

영어 회화 기초에 중요한 원어민 영어 클리닉

영어 문장을 맞게 구사한 것 같은데 원어민과의 의사소통이 원활하지 않다면? 한번 내가 쓴 영어가 한국식 어색한 영어 표현이 아닌지 생각해볼 필요가 있습니다. 이 책은 **한국식 어색한 영어 표현을 바로잡는 시작점**으로 한국인이 자주 하는 영어 실수의 유형을 분석해 실수를 바로잡는 5개의 클리닉 Part로 구성하였습니다.

Part 1	**알고 보니 콩글리시?** 한국에서만 통하는 영어 실수
Part 2	**영어 표현, 우리말과 너무 달라.** 우리말 그대로 영어 표현으로 옮긴 실수
Part 3	**영어 문장, 원어민은 이렇게 안 쓴다?** 우리말 그대로 영문장으로 옮긴 실수
Part 4	**아는 단어인데 헷갈려요.** 영단어 의미는 비슷, 쓰이는 상황은 달라 생긴 실수
Part 5	**한 끗 차이도 놓칠 수 없어.** 전치사·부사의 미묘한 의미 차이로 생기는 실수

2

원어민이 진짜 쓰는 Real 영어 표현만 모았다!

미드 대사를 활용한 영문장과 원어민의 밀착 검수

Let's split the bill.

위기의 주부들(Desperate Housewives) 대사 중

교과서적인 영어 표현보다 **실제 원어민이 쓰는 영어 표현** 중에서도 영어 회화 기초 학습자들을 위한 필수 영어 표현을 담았습니다. 또 10개의 **미드에서 뽑은 65개의 대표 문장**으로 실감나는 진짜 영어 표현을 배울 수 있습니다.

• 미드 목록: 가십걸, 내가 그녀를 만났을 때, 더 오피스, 로스트, 모던 패밀리, 빅뱅 이론, 쉐임리스, 워킹데드, 위기의 주부들, 프렌즈

3

원어민의 생생한 Real 영어 talk!

원어민이 쓰는 영어를 알면 실수는 줄고 진짜 영어가 보이고!

🗣️ 원어민이 들려주는 리얼 영어

> 미국에서 식사비를 각자 내는 문화는 일반적이에요. 그래서 식당 종업원에게 Separate checks, please.(각자 계산서를 주세요.)라고 부탁할 수도 있어요. 식사비의 약 15~20%가 팁tip으로 나가니까 그 점도 고려해야겠죠?

영어 실수는 언어적인 것에 국한되어 있지 않습니다. 미국 **원어민이 들려주는 생생한 영어와 문화**를 이해하면 상황에 맞게 영어를 쓸 수 있고, 한국식 영어 표현을 예방할 수 있죠. 각 Day 별 주제에 관련된 **리얼 영어 표현과 문화적 배경, 뉘앙스**까지 함께 배우고 나면 진짜 영어가 보입니다.

4

지나칠 수 없는 문법 실수!

진짜 영어 회화 표현, 문법 실수도 지나칠 수 없다!

> **6 저녁 먹었어?**
>
> ✗ Did you have a dinner?
>
> ○ Did you have dinner?

한국인이 영어 회화에서 흔히 하는 문법 실수만 따로 모아 설명해 놓았습니다. 알아두면 영어 회화에서 정말 유용하게 쓸 수 있는 문법 실수 클리닉! 다양한 예문과 함께 공부하며, 좀 더 정확하고 원어민다운 영어 말하기에 도전하세요!

이렇게 활용하세요!

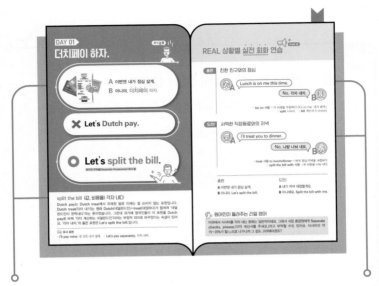

1 한국식 영어 실수 클리닉 받기

우리말 대화를 영어로 먼저 옮겨보세요. 한국식 틀린 영어 표현은 X, 맞는 영어 표현은 O! 한국인이 실수하기 쉬운 영어 표현을 바로 잡는 클리닉을 받으면 진짜 영어 표현을 말할 수 있게 됩니다. 유사 표현, 추가 표현 등을 함께 공부하면 당신의 영어 표현이 풍부해지는 효과를 경험하게 됩니다.

2 상황 대화에서 훈련해보기

훈련 에서는 클리닉 받은 영어 표현을 실제 대화 속에서 연습해보고, **도전!** 에서는 배운 영어 표현을 다른 표현으로 바꿔 말해보는 연습을 할 수 있도록 구성했습니다. MP3로 실감나게 연습하다 보면 원어민과 속이 뻥 뚫리는 영어 대화를 할 수 있게 됩니다.

3 회화 표현 Review 하기!

Day 별 상황 영어에서 쓰인 영어 문장들은 원어민이 자주 쓰는 영어 표현입니다. 언제든 뽑아 쓸 수 있는 주제별 List로 구성해 다시 복습해볼 수 있습니다.

목차

Part 3 영어 문장, 원어민은 이렇게 안 쓴다?

Part 4 아는 단어인데 헷갈려요.

Part 5 한 끗 차이도 놓칠 수 없어!

PART 1

알고 보니
콩글리시?

Dutch pay가 한국에서만 통한다고?

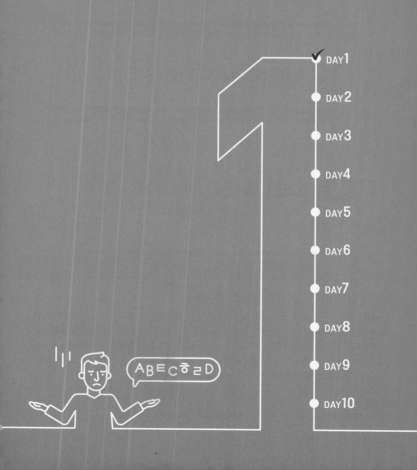

ABE C ㅎ ㄹ D

더치페이 하자.

A 이번엔 내가 점심 살게.

B 아니야. **더치페이** 하자.

✗ Let's Dutch pay.

○ Let's split the bill.

위기의 주부들(Desperate Housewives) 대사 중

---

split the bill (값, 비용을) 각자 내다

Dutch pay는 Dutch treat에서 유래된 말로 이제는 잘 쓰이지 않는 표현입니다. Dutch treat(각자 내기)는 원래 Dutch(네덜란드인)+treat(대접하다)가 합쳐져 '네덜란드인이 한턱내다'라는 뜻이었습니다. 그런데 과거에 영국인들이 이 표현을 Dutch pay로 바꿔 '각자 계산하는 네덜란드인'이라는 부정적 의미로 바꾸었다는 속설이 있어요. '각자 내자.'의 옳은 표현은 Let's split the bill.입니다.

💬 유사 표현

· I'll pay mine. 내 것은 내가 낼게. · Let's pay separately. 각자 내자.

REAL 상황별 실전 회화 연습 Track 01

훈련 친한 친구와의 점심

A Lunch is on me this time.

No. 각자 내자. **B**

· be on 사람 ~가 비용을 부담하다 (It's on me. 내가 낼게.)
· split 나누다 · bill 계산서 (=check)

도전! 서먹한 직장동료와의 저녁

A I'll treat you to dinner.

No. 나랑 나눠 내요. **B**

· treat 사람 to lunch/dinner ~에게 점심/저녁을 대접하다
· split the bill with 사람 ~와 비용을 나눠 내다

훈련

A 이번엔 내가 점심 살게.
B 아니야. Let's split the bill.

도전!

A 내가 저녁 대접할게요.
B 아니에요. Split the bill with me.

원어민이 들려주는 리얼 영어

미국에서 식사비를 각자 내는 문화는 일반적이에요. 그래서 식당 종업원에게 Separate checks, please.(각자 계산서를 주세요.)라고 부탁할 수도 있어요. 식사비의 약 15~20%가 팁tip으로 나가니까 그 점도 고려해야겠죠?

그는 내 스타일 아니야.

A¬B하

A 너 Jake랑 사귈 거야?
B 아니, 그는 내 **스타일** 아니야.

✗ He's not my style.

◯ He's not my type.

가십걸(Gossip Girl) 대사 중

---

type (구어체에서) 특정 성격·특징의 사람

style은 '음식·옷·머리'와 어울리는 단어예요. I like your hairstyle.(네 머리 스타일 맘에 든다.)처럼요. 이상형을 말할 때 쓰지 않는 표현이죠. 반면 type은 어떤 사람의 성격·특징 관련, 특히 이상형인지 아닌지를 말할 때 쓰죠. 그래서 위의 예문은 He's not my type.(걔 내 이상형 아니야.)이 적절합니다. 참고로, type은 '사물의 유형·종류'로 쓰일 수도 있습니다.

💬 **강조 표현**

· He's <u>so/just/totally</u> my type. 그는 <u>정말/딱/완전히</u> 내 스타일이야.

REAL 상황별 실전 회화 연습

훈련 친구의 연애 참견하기

Will you go out with Jake?

No, 그는 내 이상형 아니야.

· go out with ~와 사귀다 (=be seeing someone)

도전! 사랑에 빠진 친구

You totally have a crush on her.

Yeah, 걔 딱 내 이상형이야.

· have a crush on ~ ~에게 홀딱(완전히) 반하다
· just my type 딱 내 이상형

훈련

A 너 Jake랑 사귈 거야?
B 아니, he's not my type.

도전!

A 너 걔한테 완전히 반했구나.
B 그래, she is just my type.

원어민이 들려주는 리얼 영어

어떤 사람의 외모나 성격에 곧바로 끌리지 않아 확실한 이성적 끌림이 없을 때, 그 사람은 내 이상형my type이 아니라고 해요. 이상형을 찾기란 쉽지 않아요. 하지만 '짚신도 짝이 있다Every Jack has his Jill.'고 하잖아요. 너무 실망하지 말자고요.

그들의 스펙을 확인해야 했어요.

A 입사 지원자들 면접 보는데 왜 이렇게 오래 걸렸어요?

B 그들의 **스펙**을 확인해야 했어요.

 I had to check their spec.

 I had to check their qualifications.

내가 그녀를 만났을 때(How I Met Your Mother) 대사 중

qualifications 자격 요건

spec은 specification의 줄임말로 보통 computer specification(컴퓨터의 사양), job specification(직무 명세서) 등에 쓰입니다. 스펙은 한국의 취업 문화에 따른 신조어라서 외국인들은 잘 이해를 못해요. 대신 qualifications(자격 요건)이라고 하면 의미가 제대로 통합니다. 구직자가 가지고 있는 직업적인 능력, 자격증, 교육 정도 등을 모두 포함하는데요. 자격 요건은 여러 개니까 복수형으로 쓴다는 점도 기억하세요.

➕ **추가 표현**

· have the right qualifications 맞는 자격 요건을 가지다   · be qualified for ~에 적격이다

REAL 상황별 실전 회화 연습

훈련 면접관이었던 직장동료

> What took you so long to interview the job applicants?

> 그들의 자격 요건을 확인해야 했어요.

· What took you so long (to 동사원형)? ~하는데 왜 오래 걸렸어?
· job applicant 입사 지원자

도전! 직장 동료 추천

> Who would you suggest for the position?

> Lora가 맞는 자격 요건을 가지고 있어요.

· suggest 제안하다, 추천하다
· position (일)자리, 직위   · right 맞는, 적절한

훈련

A 입사 지원자들 면접 보는데 왜 이렇게 오래 걸렸어요?

B I had to check their qualifications.

도전!

A 그 자리에 누굴 추천하시겠어요?

B Lora has the right qualifications.

🗣 원어민이 들려주는 리얼 영어

직무 명세서job specification는 기업 측에서 입사 지원자에게 요구하는 지원 자격 요건이고, 직무 자격job qualifications은 구직자가 이력서résumé에 자신의 기술·능력을 작성해 기업에 제공하는 것입니다. 자격 요건은 일반적으로 입사 지원자의 기술, 재능, 학력 및 교육 이수 등을 포함해요.

그는 원룸 살아.

A Jimmy 이사 갔대.

B 맞아, 이제 그는 **원룸** 살아.

 He lives in a one-room.

He lives in a studio.

모던 패밀리(Modern Family) 대사 응용

---

studio 부엌·욕실이 한 방에 있는 원룸

외국에서 one-room이라고 하면 거실에 침실이 하나 있는 one bedroom apartment라고 생각해요. 우리나라의 원룸과 유사 개념은 studio라고 합니다. studio는 창문이 하나 딸린 예술가의 작업실을 의미하기도 하는데 원룸의 유래를 여기서 유추해볼 수 있어요. 참고로 한국의 원룸 아파트나 오피스텔을 미국식으로 studio apartment(loft), 영국식으로 studio flat이라고 한답니다.

➕ **추가 표현**

· find a studio apartment 원룸 아파트를 발견하다   · look for a studio 원룸을 알아보다

16

REAL 상황별 실전 회화 연습

훈련 이사 나간 친구의 소식

> I heard Jimmy moved out.

> Yeah, now 그는 원룸 살아.

· **move out** 이사 가다 (↔ move in 이사 들어가다)

도전! 원룸 아파트에 계약한 친구

> 나 괜찮은 원룸 아파트 찾았어.

> Did you put down a deposit?

· **put down a (security) deposit (on)** (~에) 보증금을 걸다

훈련

A Jimmy 이사 갔대.
B 맞아, 이제 he lives in a studio.

도전!

A I found a nice studio apartment.
B 너 보증금은 걸었어?

원어민이 들려주는 리얼 영어

미국에는 전세 제도가 없고 월세monthly rent가 일반적입니다. 미국에서 집 구할 때 apartment hunting, 온라인을 적극 활용해보세요. zumper.com이나 onradpad. com과 같은 웹사이트에서 알아보고 직접 확인한 뒤 마음에 들면 렌트 보증금deposit 을 내고 임대 계약을 합니다sign a lease.

그가 핸드폰을 두고 갔어.

A 그가 **핸드폰**을 두고 갔어.

B 그래서 걔가 전화를 안 받았구나.

 He left his handphone.

 He left his cell phone.

프렌즈(Friends) 대사 중

---

cell phone 휴대 전화

handphone은 한국에서만 통하는 콩글리시입니다. 대신 cell(cellular) phone이 적절한 단어입니다. cell phone은 미국에서 세운 휴대폰 기지국이 벌집 모양의 육각형 세포(cell) 모양으로 나뉜 데에서 유래했어요. 영국에서는 mobile phone이라고 하는데, '이동 가능한'이라는 뜻의 mobile에서 의미를 유추할 수 있죠.

💬 **추가 표현**

· turn on/off a cell phone 휴대 전화를 켜다/끄다

REAL 상황별 실전 회화 연습

훈련 전화를 안 받은 이유

 A 그가 휴대 전화를 두고 갔어.

B That's why he didn't answer.

· leave 물건 ~을 두고 가다 (leave – left – left)
· answer (the phone) 전화를 받다

도전! 회의실에 들어가기 전

 A 휴대 전화 껐어요?

B No, I just put it on vibrate.

· turn off ~을 끄다
· put ~ on vibrate/mute ~을 진동/무음으로 하다

훈련

A He left his cell phone.
B 그래서 걔가 전화를 안 받았구나.

도전!

A Did you turn off your cell phone?
B 아뇨, 그냥 진동으로 했어요.

🗣 원어민이 들려주는 리얼 영어

미국은 한국처럼 선불prepaid 또는 후불post paid 요금제plan로 휴대 전화 개통이 가능합니다. 후불제는 2년 약정인 경우가 많고 선불제의 경우 미리 금액을 충전합니다 refill. 이때 refill(금액을 충전하다) 대신 charge를 쓰지 않아요. charge는 배터리를 충전한다고 할 때 쓰는 동사거든요.

19

이것은 서비스입니다.

A 이거 우리가 주문한 것이 아닌 것 같은데요.

B 이것은 **서비스**입니다. 그리고 저기 남자분이 계산하셨어요.

 This is service.

 This is on the house.

가십걸(Gossip Girl) 대사 중

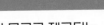

on the house (술집·식당 등에서) 술·음식 등이 무료로 제공되는

레스토랑이나 바(bar)에서 단골손님에게 무료로 디저트나 음료를 서비스로 주기도 하는데요. service(서비스)라는 단어는 포괄적으로 레스토랑, 호텔이나 상점에서 손님에게 주문을 받고 음식을 나르는 등의 일을 통틀어 의미해요. 무료(서비스)로 음식을 제공받았을 때는 service라는 표현 대신에 on the house라는 표현이 적절하답니다.

💬 유사 표현

· It's complimentary. 그것은 서비스(무료)입니다. (격식체)

REAL 상황별 실전 회화 연습

훈련 식당에서 음식을 서비스로 받은 친구

A I don't think we ordered this.

B 이것은 서비스입니다. And that man over there picked up your check.

· order 주문하다   · pick up the check (다른 사람을 위해) 계산하다

도전! 바(bar)에서 술을 서비스로 받은 친구

A How much do I owe you?

B Don't worry about it. 이번 술은 서비스로 드리는 겁니다.

· owe 빚지고 있다   · round 한 차례 돌리는 술

훈련

A 이거 우리가 주문한 것이 아닌 것 같은데요.

B This is on the house. 그리고 저기 남자분이 계산하셨어요.

도전!

A 얼마죠?(당신에게 얼마를 빚졌죠?)

B 걱정 마세요. This round is on the house.

🗣 원어민이 들려주는 리얼 영어

바bar에서 직장동료와 술을 즐길 때, 주로 각자 자기 술을 사지만buy their own drinks, 때론 동료들에게 한 잔씩 돌리기buy a round도 해요. 술집 단골손님이라면 계산서tab에 달아 놓고 집에 갈 때 계산하기도 하죠.

나 미팅 나갔어.

A 어제 나 **미팅** 나갔어.

B 그래, 너 약간 긴장한 듯 보였어. 어땠어?

 I went on a meeting.

 I went on a blind date.

내가 그녀를 만났을 때(How I Met Your Mother) 대사 중

blind date 소개팅(미팅)

영어로 meeting이라고 하면 업무상 회의를 의미해요. 위의 예문은 한국에서 서로 모르는 남녀가 만나 데이트를 하는 미팅·소개팅으로, 영어로는 blind date라고 합니다. 서로 몰랐던 남녀가 만난다는 의미에서 blind(눈이 먼)+date(데이트)라는 표현이 만들어졌죠. 특히 동사와 blind date가 함께 쓰일 때 go on a blind date처럼 앞에 전치사 on이 필요해요.

💬 **추가 표현**

· set 사람 up on a blind date ~에게 소개팅을 주선하다

REAL 상황별 실전 회화 연습

훈련 친구의 연애 참견하기

> 어제 나 미팅 나갔어.

> Yeah, you seemed a little tense. How was it?

- go on a blind date 소개팅(미팅)에 나가다
- seem tense 긴장한 것처럼 보이다

도전! 소개팅을 받은 친구

> 그가 나에게 소개팅을 해줬어.

> So did you find your perfect match?

- set 사람 up on a blind date ~에게 소개팅을 주선하다
- perfect match 이상형, 천생연분 (=one's ideal type)

훈련

A I went on a blind date yesterday.
B 그래, 너 약간 긴장한 듯 보였어.
    어땠어?

도전!

A He set me up on a blind date.
B 그래서 네 이상형 찾았어?

🗣 원어민이 들려주는 리얼 영어

미국에서 소개팅은 직접 소개해주는 것보다 온라인 만남online dating이 대세죠. 웹사이트와 어플에서 이상형을 찾을 수 있는데, 웹사이트의 질문에 답하고fill out a questionnaire, 프로필을 작성하면create a profile 당신에게 맞는 사람을 연결match해줍니다.

DAY 08

저 비닐봉지가 필요한데요.

A 저 **비닐봉지**가 필요한데요.

B 죄송해요. 비닐봉지가 다 떨어졌어요.

✖ I need a vinyl bag.

⭕ I need a plastic bag.

쉐임리스(Shameless) 대사 중

plastic bag 비닐봉지

슈퍼마켓에서 쓰는 물건을 담는 비닐봉지는 plastic bag이라고 해요. vinyl은 plastic 의 한 종류인데, 주로 장판, 옷감에 쓰이는 재료예요. plastic은 쉽게 변형될 수 있는 물질의 한 종류이고, 비닐봉지의 재료로 쓰입니다. 그래서 영어권 국가에서 비닐봉지를 plastic bag이라고 하는 것이죠.

💬 **추가 표현**

· grocery bag 장바구니 · garbage bag 쓰레기봉투 · paper bag 종이봉투

REAL 상황별 실전 회화 연습

훈련 가게에서 비닐봉지 구하기

 A 저 비닐봉지가 필요한데요.

B Sorry. We're out of plastic bags.

· be out of ~이 다 떨어지다

도전! 신발 담을 것이 필요한 친구

 A I need something to put my shoes in.

B 내가 비닐봉지 가져다줄게.

· something to 동사원형 ~할 무엇·어떤 것
· get+사람+물건 ~에게 …을 가져다주다

훈련

A I need a plastic bag.
B 죄송해요. 비닐봉지가 다 떨어졌어요.

도전!

A 나 신발 담을 무언가 필요해.
B I'll get you a plastic bag.

원어민이 들려주는 리얼 영어

미국 슈퍼마켓에서 계산대의 점원이 **Paper or plastic?**(종이봉투 드려요? 비닐봉지 드려요?)이라고 물어봅니다. 그럴 땐 원하는 봉투를 말하면 됩니다. 봉투는 무료지만 재활용 가능한 장바구니 가방reusable grocery tote bag을 팔기도 해요.

DAY 09

나 오바이트할 것 같아.

A 너 안 좋아 보여. 괜찮니?

B 나 **오바이트**할 것 같아.

✗ **I'm gonna** overeat.
  └ =be going to

○ **I'm gonna** throw up.

모던 패밀리(Modern Family) 대사 중

---

throw up 토하다[게우다]

오바이트는 overeat에서 잘못 유래된 콩글리시예요. overeat는 over(~을 넘어서) +eat(먹다)가 합쳐진 단어로 너무 먹어서 과식했다는 뜻이죠. '토하다'의 올바른 영어 표현은 throw up입니다. 뱃속의 먹은 것을 위로 던져 올리는 것에서 '토하다'라는 의미를 떠올려보세요.   * throw – threw – thrown

---

⊕ 유사 표현

· puke 토하다 (비격식, 구어체)   · vomit 토하다 (격식, 문어체)

26

REAL 상황별 실전 회화 연습

훈련 속이 안 좋은 친구

A: You don't look well. Are you okay?

B: 나 토할 것 같아.

· don't look well (상태가) 안 좋아 보이다

도전! 구토한 친구를 위로하며

A: 나 변기에 토했어.

B: Then you'll feel better soon.

· in a toilet 변기에
· feel better 한결 나아지다 · soon 곧

훈련	도전!
A 너 안 좋아 보여. 괜찮니?	A I threw up in a toilet.
B I'm gonna throw up.	B 그럼 곧 한결 나아질 거야.

원어민이 들려주는 리얼 영어

곧 토할 것처럼 속이 울렁거리는 느낌을 원어민들은 어떻게 표현할까요? feel sick(곧 토할 것 같다, 속이 울렁거리다)라고 하거나, nauseate(메스껍게 하다)를 써서 feel nauseated(메스껍다)라고도 표현하기도 해요. 배에 가스가 가득 차서 더부룩한 느낌은 feel bloated(가스가 가득 찬)로 표현을 할 수 있답니다.

27

그건 A/S 안 돼.

A 나 TV 수리 받아야겠어.

B 그건 A/S 안 돼.

✗ The A/S doesn't cover it.

● The warranty doesn't cover it.

더 오피스(The Office) 대사 응용

---

warranty (제품의) 품질 보증, 보증서

A/S는 서양권에서 쓰지 않는 콩글리시입니다. 가끔 한국인들이 A/S를 after service라고 하는데 의미가 안 통해요. 대신 after-sales service 또는 warranty라고 하면 의미가 통합니다. warranty는 제품 구매 후 일정 기간 안에 수리나 보상을 받을 수 있는 '보증서'를 뜻합니다. 함께 쓰이는 단어에 따라 '보증 기간, 보증 서비스'도 의미할 수 있어요.

😮 추가 표현

· a one-year warranty 1년간의 보증 기간
· under warranty 보증 기간 중인　· void a warranty 보증서를 무효시키다

REAL 상황별 실전 회화 연습

Track 10

훈련 A/S가 안 되는 TV

 A I need to get my TV repaired.

그건 A/S 안 돼. **B**

- get ~ repaired ~의 수리를 맡기다
- cover (분실·상해 등에 대비해 보험으로) 보장하다

도전! 보증서 무효시킨 누나

 A I have already opened this box.

A Oh man, 그건 보증서를 무효시키는 거야. **B**

- void a warranty 보증서를 무효시키다

훈련

A 나 TV 수리 받아야겠어.
B The warranty doesn't cover it.

도전!

A 나 이 상자 이미 열어 버렸어.
B 오 이런, that voids the warranty.

원어민이 들려주는 리얼 영어

미국의 보증 서비스warranty service는 한국과 비슷하게 이루어집니다. 다만 미국 땅이 넓다 보니 서비스 센터에 직접 가기보다는 제품을 업체에 배송해ship 수리를 맡기거나get ~ repaired 새 제품으로 교체 받기도get ~ replaced 한답니다.

영어로 speak

다음 문장들을 30초 안에 영어로 말해보세요.

1. 그는 내 이상형 아니야.
2. 나 토할 것 같아.
3. 그는 원룸 살아.
4. 각자 내자.
5. 그가 휴대 전화를 두고 갔어.
6. 나 미팅 나갔어.
7. 저 비닐봉지가 필요한데요.
8. 이것은 서비스입니다.
9. 그건 A/S 안 돼.
10. 그들의 자격 요건을 확인해야 했어요.

우리말로 speak

다음 문장들을 30초 안에 우리말로 말해보세요.

1. He's not my type.
2. I'm gonna throw up.
3. He lives in a studio.
4. Let's split the bill.
5. He left his cell phone.
6. I went on a blind date.
7. I need a plastic bag.
8. This is on the house.
9. The warranty doesn't cover it.
10. I had to check their qualifications.

PART 2

영어 표현,
우리말과
너무 달라.

'약속'이 무조건 promise가 아니라고요?

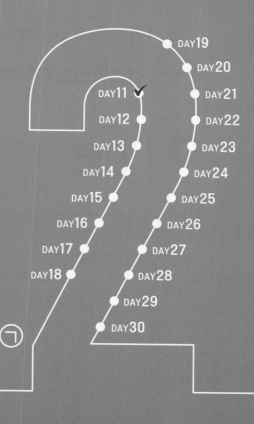

Ⓐ vs ㄱ

나 약속 있어.

A 오늘 밤에 시간 있니?
B 미안, 나 **약속** 있어.

✖ I have a promise.

⭕ I have plans.

프렌즈(Friends) 대사 중

plans 앞으로 하려는 계획 (구어체에서 '약속'으로 쓰임)

위의 예문은 친구와 가볍게 만나는 약속을 뜻하는데, promise는 맹세를 의미하는 상징적 '약속; 약속하다'의 의미예요. 손가락을 걸고 하는 '약속·맹세'를 떠올려보세요. appointment는 의사, 변호사 등 업무적인 약속을 의미하므로 여기서는 어색해요. 친구와 가볍게 만날 약속이 있을 때는 I have plans.를 써주세요. 단, a plan은 '설계도, 계획'으로 쓰이니 '약속'이라는 의미를 전달하고 싶을 땐 꼭 복수형(plans)으로 써주세요.

💬 **추가 표현**

· have plans <u>with 사람</u> ~와 약속이 있다   · have got('ve got) plans (이미) 약속이 있다

REAL 상황별 실전 회화 연습

Track 11

훈련 친해지고 싶은 친구에게

A Do you have time tonight?

B Sorry, 나 약속 있어.

· Do you have time? 너 시간 있니?
(*cf.* Do you have the time? 지금 몇 시예요?)

도전! 퇴근하며 직장동료에게

A Let's go grab a beer!

B Sorry, 저 Joey랑 약속 있어요.

· grab a beer 맥주 한잔 하다
· have plans with 사람 ~와 약속이 있다

훈련	도전!
A 오늘 밤에 시간 있니?	**A** 맥주 한잔 하러 갑시다!
B 미안, I have plans.	**B** 미안해요, I have plans with Joey.

원어민이 들려주는 리얼 영어

원어민들은 만남meeting을 상황에 따라 다른 영어로 표현합니다. (의사·변호사와 만날) 약속을 잡다make an appointment, (호텔·식당에서 만날) 예약을 잡다make a reservation, (직원들이 만나) 회의를 열다hold a meeting, (친구와 만날) 약속을 하다 make plans처럼요.

나 최근에 살이 좀 쪘어.

A 나 최근에 살이 좀 **쪘어.**

B 너 남자친구랑 헤어져서 그래.

 I've got some weight lately.

 I've gained some weight lately.

내가 그녀를 만났을 때(How I Met Your Mother) 대사 응용

gain (weight) (살이) 찌다

weight는 명사로 '몸무게'라는 뜻이고, 살이 쪘다고 할 때 get weight로 쓰는 실수를 흔히 볼 수 있어요. get은 '다른 사람으로부터 받아서 ~을 가지고 있다'라는 의미가 강한데, 몸무게를 다른 사람한테서 받는 게 아니므로 이 표현은 어색해요. 반면, gain은 '점차 무엇을 늘리다, 쌓다'라는 뜻으로 몸무게는 점차 늘어나니까 gain weight로 쓰는 것이 자연스럽죠. 참고로 내 몸무게인 것이 당연하니까 my weight이라고는 잘 안 해요.

💬 유사 표현

· **put on weight** 살이 찌다 (↔ lose weight 살을 빼다, 살이 빠지다)

REAL 상황별 실전 회화 연습

훈련 이별 후 살찐 친구

  나 최근에 살이 좀 쪘어.

Because you split up with your boyfriend.

· lately 최근에   · split up with ~와 이별하다 (=break up with)

도전! 살이 빠진 친구에게

  Hey, 너 살 좀 빠졌구나.

Thank you for noticing.

· lose some weight 살이 좀 빠지다 (lose – lost – lost)
· notice 알아차리다

훈련

A I've gained some weight lately.
B 너 남자친구랑 헤어져서 그래.

도전!

A 이봐, you lost some weight.
B 알아봐 줘서 고마워.

🗣 원어민이 들려주는 리얼 영어

미국에서 How much do you weigh?(당신 몸무게가 얼마죠?)라고 묻는 것은 지양하세요. 상대방에게 매우 무례하게 들린답니다. 그런 무례한 질문을 하면 상대방은 It's a secret.(비밀이에요), 정말 기분 나쁘면 That's none of your business.(신경 끄세요.)라고 대답할 거예요.

이 알약 먹어.

A 이 알약 **먹어.** 그냥 삼켜 봐.

B 이건 뭐야? 비타민 같아 보이는데.

 Eat this pill.

 Take this pill.

로스트(Lost) 대사 응용

take (약을) 먹다[복용하다]

약을 먹는다고 할 때 eat를 사용해도 의미는 통하지만 어색한 표현이에요. eat는 주로 '음식'을 먹을 때, 특히 씹어서 먹는 행동에 집중하는 단어예요. 그런데 약은 복용해서 몸에 흡수시키죠. 그래서 '섭취하다, 복용하다'라는 의미의 take가 적절해요. 알약의 경우 동사 swallow(삼키다)도 자주 함께 쓰인답니다.

➕ 추가 표현

· take a pill three times a day 알약을 하루에 세 번 복용하다
· swallow a pill 알약을 삼키다

REAL 상황별 실전 회화 연습

훈련 건강 지킴이 친구

> 이 알약 먹어. Just try swallowing it.

> What's this? It looks like a vitamin.

· try -ing ~하기를 한번 시도하다   · swallow 삼키다
· look like 명사 ~처럼 보이다   · vitamin 비타민 (발음 주의 [바이타민])

도전! 감기약의 효과가 궁금한 친구

> 나 이 알약 하루에 세 번 먹어.

> Does it work for a cold?

· ~ times a day 하루에 ~ 번
· work 효과가 있다   · cold 감기

훈련

A Take this pill. 그냥 삼켜 봐.
B 이건 뭐야? 비타민 같아 보이는데.

도전!

A I take this pill three times a day.
B 감기에 효과 있어?

🗣️ 원어민이 들려주는 리얼 영어

약을 뜻하는 영어 단어가 참 많은데요. medicine은 치료 목적의 일반적인 약입니다. 가루약은 powdered medicine, 물약은 liquid medicine이고요. drug는 더 넓은 범위에서 치료약 외에도 마취약, 진통제, 마약까지 의미하죠. 투명한 것에 쌓인 capsule(캡슐)과 둥근 형태의 tablet(정제)는 pill(알약)의 한 종류예요.

DAY 14

맞는지 보게 이거 입어봐.

A 나 재킷을 못 고르겠어.

B 맞는지 보게 이거 **입어봐**.

✖ Put **this on** for size.

◯ Try **this on** for size.

모던 패밀리(Modern Family) 대사 중

try on (옷을) 한번 입어보다

put on이 '옷을 입다'라는 뜻은 맞아요. 그런데 put on은 주로 내가 갖고 있는 옷을 외출하기 위해 입는다는 의미를 내포합니다. 반면 위의 예문은 옷 가게에서 잘 맞는지 한번 걸쳐보는 것이니까 try on이 적절한 것이죠. try(시도하다)의 의미와 연관 지어 생각해 보세요. 참고로, try on this는 틀린 표현인데요. 일반 명사는 위치가 어디여도 상관없지만 this나 it 같은 대명사는 동사와 전치사 사이에 위치해야 한답니다.

📳 **추가 표현**

· Can I try this on? 이것 입어봐도 될까요? (허락 구하기)

REAL 상황별 실전 회화 연습 Track 14

훈련 옷 가게에서 옷 골라주기

A I can't pick out a jacket.

B 맞는지 보게 이거 입어봐.

· pick out ~을 고르다
· try on ~ for size 어울리는지 보려고 입다

도전! 점원에게 물어보기

A 이 셔츠를 입어볼 수 있나요?

B No problem. The fitting room is over there.

· fitting room 탈의실 · over there (바로) 저쪽에

훈련

A 나 재킷을 못 고르겠어.
B Try this on for size.

도전!

A Can I try on this shirt?
B 물론이죠. 탈의실은 저쪽입니다.

🗣 원어민이 들려주는 리얼 영어

미국에서 옷 쇼핑을 하면 점원이 **What size are you?**(사이즈가 몇이에요?)라고 물어볼 수 있어요. 일반적인 미국의 옷 사이즈는 XS, S, M, … 순서로 분류되고, 여성 바지는 2, 4, 6, …, 남자 바지는 34, 36, … 순서로 분류해요. 바지 사이즈를 말해주면 점원이 **Do you want to try them on?**(입어보시겠어요?)라고 물으면서 옷을 찾아줄 거예요.

나 엄청 큰 실수했어.

A 나 엄청 큰 **실수했어.**

B 하지만 이제 끝난 일이야.

✗ I did a **huge** mistake.

○ I made a **huge** mistake.

프렌즈(Friends) 대사 중

make a mistake 실수를 하다

우리말의 '하다'는 영어에서 do와 make로 쓰일 수 있는데요. do는 행동 그 자체 또는 행동의 과정에 초점을 두고, make는 행동으로 인한 결과·결과물을 강조할 때 주로 쓰입니다. 예를 들어 I did the calculations and I made a huge mistake.의 의미가 '내가 계산(행동)을 했는데 실수(행동의 결과)를 했다'가 되는 것처럼요.

💬 **추가 표현**

· a huge mistake 엄청 큰 실수   · any mistakes (부정문에서) 어떤 실수도 (~않다)

REAL 상황별 실전 회화 연습

훈련 실수한 친구 위로하기

 나 엄청 큰 실수했어.

But it is over now.

· huge 거대한, 엄청 큰   · be over 끝이 난

도전! 시험 공부를 너무 열심히 하는 친구

 Don't wear yourself out studying.
Take a break.

I can't. 나 어떤 실수도 하고 싶지 않아.

· wear oneself out 스스로를 지치게 하다
· take a break 잠시 쉬다   · any mistakes 어떤 실수도 (~않다)

훈련

A I made a huge mistake.
B 하지만 이제 끝난 일이야.

도전!

A 공부하느라 무리하지 마. 좀 쉬어.
B 그럴 수 없어. I don't want to
make any mistakes.

🗣 원어민이 들려주는 리얼 영어

make는 추상적인 개념을 가진 명사들과 쓰여서 동작·발언을 하는 구체적인 의미를 만들 수도 있어요. make an effort(노력하다), make an offer(제안을 하다), make a complaint(불평을 하다)처럼요.

나 내일모레 떠나.

A 너 왜 짐 싸고 있어?
B 나 **내일모레** 떠나.

✕ I'm leaving tomorrow after tomorrow.

○ I'm leaving the day after tomorrow.

더 오피스(The Office) 대사 중

---

the day after tomorrow (내일)모레, 내일의 다음 날

'내일의 다음 날'로 이해하면 the day after tomorrow가 금방 이해돼요. tomorrow
가 연속해서 반복되면 이상하게 들리거든요. 비슷한 예로, 3일 후는 '오늘부터 이틀 후'
two days after tomorrow, 그저께는 '어제의 전날' the day before yesterday로
이해한 뒤 연습해보세요.

➕ **추가 표현**
· **this morning** 오늘 아침 · **tonight** 오늘 밤 · **last night** 어젯밤

REAL 상황별 실전 회화 연습

훈련 짐을 싸고 있는 이유

A: Why are you packing your bag?

B: 나 내일모레 떠나.

· pack one's bag 짐을 싸다
· leave 떠나다

도전! 결혼식장에서 만나게 될 친구

A: See you at the wedding.

B: Then, 내일모레 너 보겠네.

· wedding 결혼식

훈련

A 너 왜 짐 싸고 있어?

B I'm leaving the day after tomorrow.

도전!

A 결혼식에서 보자.

B 그러면, I will see you the day after tomorrow.

🗣 원어민이 들려주는 리얼 영어

시간을 표현할 때 this는 말하는 시점과 가장 가까운 시간을 표현해요. 그래서 What did you do <u>this weekend</u>(지난 주말)?, What will you do <u>this weekend</u>(다가오는 이번 주말)?가 모두 가능하죠. What will you do next weekend?의 next weekend는 이번 주가 아닌 다음 주말을 의미하는 것이고요.

DAY 17

저 남자가 내 시계 훔쳤어!

A 저 남자가 내 시계 **훔쳤어!**

B 그래! 저 남자 방금 코너 돌았어!

✕ That guy robbed my watch!

○ That guy stole my watch!

모던 패밀리(Modern Family) 대사 응용

---

steal 물건을 빼앗다, 훔치다

rob은 '사람/장소를 털다'라는 의미로 '(물건 털린) 장소/사람'을 목적어로 씁니다. He robbed a bank.(그가 은행을 털었다.)처럼요. 반면 steal은 '물건을 훔치다'라는 뜻이에요. 즉 steal은 도난당한 물건이 목적어죠. 위의 예문은 누군가 시계를 훔쳐 간 것이기 때문에 steal을 써야 적절합니다.   * steal – stole – stolen

---

💬 추가 표현

· get/be stolen (물건이) 도난당하다

REAL 상황별 실전 회화 연습

훈련 시계를 도둑맞은 친구

A 저 남자가 내 시계 훔쳤어!

B Yes! He just turned the corner!

· guy 남자, 녀석 (비격식)
· turn the corner 코너를 돌다

도전! 카드 도난당한 친구

A We've noticed unusual activity on your credit card.

B Oh, man! 그거 도난당한 게 틀림없군요.

· unusual activity on ~ ~의 흔치 않은 활동(사용)
· must have 과거분사 ~했던 것이 틀림없다

훈련

A That guy stole my watch!
B 그래! 저 남자 방금 코너 돌았어!

도전!

A 당신의 신용카드에서 이상한 사용 기록을 발견했어요.
B 오 맙소사! It must've been stolen.

원어민이 들려주는 리얼 영어

미국에서 물건을 도난당하면get stolen 경찰서에서 물건 도난 사건의 경위서police report를 작성합니다. police report는 온라인상에서도 작성 가능한데요. 작성 시 분실 lost이 아니라 도난당했다stolen고 작성을 해야 합니다. 위급한 상황이라는 판단이 들면 911로 전화해서 도움을 요청하세요.

선물 포장하려면 그거 필요해.

A 테이프가 왜 필요해?

B 선물 **포장**하려면 그거 필요해.

❌ **I need it to pack a present.**

⭕ **I need it to wrap a present.**

더 오피스(The Office) 대사 응용

wrap (포장지로) 싸다, 포장하다

pack과 wrap은 모두 '포장하다'라는 뜻이지만 개념이 조금 달라요. pack은 물건을 수송·판매·보관하기 위해서 포장한다는 의미입니다. I packed the box and shipped it.(나는 그 상자를 포장해서 배송했어.)처럼요. 반면 wrap은 선물을 주기 위해 예쁘게 포장한다는 의미를 내포합니다. 예문은 선물을 포장한다는 의미니까 wrap을 사용해야 적절합니다.

💬 유사 표현
· **gift-wrap** 선물용으로 포장하다 (↔ unwrap a present/gift 선물을 풀다)

REAL 상황별 실전 회화 연습 Track 18

훈련 테이프가 필요한 이유

A Why do you need tape?

B 선물 포장하려면 그거 필요해.

· tape 테이프 (셀 수 없는 명사)

도전! 선물 포장대에서

A How would you like this mug?

B 그거 선물용으로 포장해주세요.

· How would you like ~ ~을 어떻게 해드릴까요?
· gift-wrap 선물용으로 포장하다

훈련

A 테이프가 왜 필요해?

B I need it to wrap a present.

도전!

A 이 머그잔 어떻게 해드릴까요?

B Gift-wrap it, please.

원어민이 들려주는 리얼 영어

미국인들은 선물 파티를 여는throw gift showers 문화가 있어요. 임신 축하 파티 baby shower, 예비 신부 파티bridal shower처럼요. 또 예비부부가 결혼 선물로 받고 싶은 것을 적어 놓은 선물 목록표gift registry를 친구들에게 공유하는데요. 축의금 대신 예비부부가 원하는 선물을 해주곤 합니다.

나 사인 받았어.

A□B하

A 너 우연히 메시와 마주 쳤다며?

┌→ Messi(유명 축구 선수)

B 응, 나 **사인** 받았어.

✖ I got his sign.

⭕ **I got his autograph.**

프렌즈(Friends) 대사 중

autograph 유명인의 사인

예문처럼 유명인에게 받는 '사인'은 autograph예요. autograph는 auto(self)+ graphein(to write)에 어원을 두고 있는데 '작가가 직접 쓴 원고'를 의미했습니다. '유 명한 작가의 친필 사인'이 여기서 유래 한 것이라 볼 수 있어요. sign은 '계약서나 문서 에 서명하다'라는 뜻의 동사로 쓰이는데, 간혹 유명인에게 '제 셔츠에 사인해주세요.'할 때 sign을 동사로 사용해서 Please, sign my shirt.처럼 쓰일 수도 있어요.

💬 추가 표현

· Can I get/have your autograph? 당신의 사인을 받을 수 있을까요? (사인해 주세요.)

REAL 상황별 실전 회화 연습

훈련 유명 축구선수에게 사인 받은 친구

A I heard you ran into Messi?

B Yeah, 나 사인 받았어.

· run into 우연히 마주치다

도전! 유명 배우에게 사인 부탁하기

A I'm your biggest fan.
사인 받을 수 있을까요?(사인해 주세요.)

B Oh yeah, do you have a pen?

· biggest fan 열렬한 팬
· Can I get your autograph? 사인 받을 수 있을까요?

훈련

A 너 우연히 메시와 마주쳤다며?

B 응, I got his autograph.

도전!

A 저 당신의 열렬한 팬이에요.
Can I get your autograph?

B 아 네, 펜 있으세요?

🗣️ 원어민이 들려주는 리얼 영어

원어민들은 sign을 명사로도 다양하게 쓰는데, 원래 gesture(몸짓), mark(표시), symbol(상징) 또는 signal(신호)로 쓰였던 이 어원들을 바탕으로 현재 '징후, 표지판, 몸짓, 신호' 등 다양한 의미로 쓰이고 있답니다.

DAY 20
머리 조심해!

A 머리 **조심해**!

B 오! 나 거의 머리 부딪칠 뻔했어.

✖ Watch out **your head!**

◯ Watch **your head!**

로스트(Lost) 대사 중

---

watch + 조심해야 할 것(특히 신체 부위) ~을 조심하다

Watch out!하면 '조심해!'라는 하나의 문장으로 급한 상황에서 외치는 표현이죠. 하지만, '~을 조심해!'처럼 구체적으로 조심해야 할 것을 언급하려면 out없이 watch your head 또는 watch your fingers처럼 〈watch+조심해야 할 것〉 형태로 씁니다.

📲 **추가 표현**

· Watch your step. 발밑 조심해.　· Watch your back. 등 뒤 조심해.

· Watch yourself. 조심해.

REAL 상황별 실전 회화 연습

훈련 머리 부딪칠 뻔한 친구

머리 조심해!

Oh! I almost hit my head.

· almost 거의
· hit 신체 일부를 ~에 찧다[부딪치다]

도전! 친구 놀리기

Hey! 등 뒤 조심해!

There's nothing here.
Stop teasing me.

· stop -ing ~하던 것을 멈추다 · tease 놀리다

훈련

A Watch your head!
B 오! 나 거의 머리 부딪칠 뻔했어.

도전!

A 야! Watch your back!
B 여기 아무것도 없잖아. 그만 놀려.

🗣 원어민이 들려주는 리얼 영어

누군가에게 위험한 상황을 알려줄 때, watch뿐 아니라 watch out for~ 이라는 표현도 쓸 수 있어요. watch는 Watch your head!(머리 조심해!)처럼 신체를 조심하라고 경고할 때, watch out for~ 는 Watch out for cars!(차 조심해!)처럼 누군가에게 상처를 입힐 수 있는 것을 조심하라고 할 때 쓸 수 있답니다.

DAY 21

난 너 절대 무시 안 했어.

A 나 그런 식으로 대하지 마.

B 난 너 절대 **무시** 안 **했어**.

✕ I never ignored you.

○ I never looked down on you.

위기의 주부들(Desperate Housewives) 대사 중

look down on + 사람 (다른 사람을) 무시하다, 경시하다

ignore은 '무시하다'라는 의미지만 '이미 알고 있는 사람/사실을 모른 체한다'는 의미입니다. I said hello but she ignored me.(내가 인사했지만 그녀는 나를 무시했어.)처럼요. 반면 예문처럼 다른 사람보다 낫다고 생각해서 '무시하다, 경시하다'의 의미를 가진 표현은 〈look down on + 사람〉입니다. 무언가를 내려다본다는 의미에서 그 뜻을 추측해 볼 수 있겠네요.

🗨 추가 표현

· look up to 사람 ~를 우러러보다, 존경하다

REAL 상황별 실전 회화 연습

Track 21

훈련 무시당했다고 생각한 친구

A: Don't treat me like that.

B: 난 너 절대 무시 안 했어.

· treat (특정한 태도로) 대하다

도전! 어리다고 무시하는 선배

A: You're too young to read this article.

B: 저 무시하지 마세요.

· too ~ to 동사원형 너무 ~해서 …할 수 없다   · article 기사

훈련

A 나 그런 식으로 대하지 마.
B I never looked down on you.

도전!

A 너는 이 기사 읽기엔 너무 어려.
B Don't look down on me.

🗣️ 원어민이 들려주는 리얼 영어

'무시하다'가 영어에서 미묘한 차이를 가지는 경우가 또 있어요. He put me down.(그가 나를 무시했어.)에서 put ~ down은 다른 사람들 앞에서 누군가를 비하하고 깔아뭉개는 말과 행동을 한 것에 초점을 둡니다. 반면, look down on은 누군가 보다 우월하다고 생각하는 것에 초점을 두고요.

그거 너한테 잘 어울려.

A 이 모자 어때?

B 그거 너한테 잘 **어울려.**

✗ **It fits you well.**

○ **It suits you well.**

모던 패밀리(Modern Family) 대사 중

suit (색, 스타일이) 잘 어울리다

우리가 옷을 입거나 신발을 신어볼 때 It fits you well.(그거 너한테 잘 맞아.)이라고 하면 사이즈가 잘 맞는다는 의미예요. 사이즈가 큰지 작은지를 보는 거죠. 반면 suit는 옷을 차려입었을 때 전체적인 느낌이나 옷의 색상이 잘 어울린다고 할 때 쓰는 동사입니다. 그래서 위의 예문에는 suit가 적절하답니다.

➕ **유사 표현**

· look good on 사람 ~에게 잘 어울리다

REAL 상황별 실전 회화 연습

훈련 모자가 잘 어울리는지 물어보기

A How about this hat?

B 그거 너한테 잘 어울려.

· How about ~ ? ~은 어때?

도전! 청바지 쇼핑 중인 두 친구들

A 이 청바지 너한테 정말 잘 어울려.

B Thanks. I think I'll buy them.

· jeans 청바지 (바지는 복수형)

훈련

A 이 모자 어때?
B It suits you well.

도전!

A These jeans really suit you well.
B 고마워. 나 이거 살래.

🗣 원어민이 들려주는 리얼 영어

suit는 추상적인 개념과도 잘 어울리는 단어예요. Marriage really suits you.(너 결혼해서 행복해 보여.)처럼 suit는 '~이 잘 맞아서 행복하다'는 뜻, 또 Teaching doesn't suit me.(가르치는 일은 내 성격에 안 맞아.)처럼 suit가 '~의 성격에 잘 맞다'는 의미로도 쓰인답니다.

DAY 23

나 출근 준비해야겠어.

A 나 출근 **준비해야**겠어.

B 노트북 챙기는 거 잊지 말아요.

✕ I have to prepare for work.

◯ I have to get ready for work.

위기의 주부들(Desperate Housewives) 대사 중

get ready (for 명사/to 동사원형) (~할) 준비를 하다

prepare과 get ready를 혼용해 쓸 수는 있지만 prepare는 차근차근 계획해서 중요한 것을 준비한다는 의미를 내포합니다. 그래서 prepare for work라고 하면, 어떤 일에 대비한다는 의미로 들립니다. 위의 예문은 출근하기 위해 나갈 준비를 한다는 의미로, 여기에 적절한 표현은 get ready죠. ready는 '준비된'이라는 의미고 get ready는 '(가볍게) 준비하다, ~에 갈 준비를 하다'의 의미로 쓰인답니다.

➕ 유사 표현

· be ready (for 명사/to 동사원형) (~할) 준비가 되다 (준비된 상태이다)

56

REAL 상황별 실전 회화 연습

Track 23

훈련 출근 준비하는 남편

A 나 출근 준비해야겠어.

B Don't forget to take your laptop.

· **have to** ~해야 한다
· **forget to** 동사원형 ~할 것을 잊다 · **laptop** 노트북 (notebook ×)

도전! 여행 준비하는 친구

A What are you up to?

B 나 여행 준비하고 있어.

· **What are you up to?** 너 뭐 해? (=What are you doing?)

훈련

A I have to get ready for work.
B 노트북 챙기는 것 잊지 말아요.

도전!

A 너 뭐 해?
B I'm getting ready for my trip.

🗣 원어민이 들려주는 리얼 영어

ready는 신체적으로 준비되었다는 것뿐 아니라 심적·감정적으로 준비가 되었다고 할 때도 많이 활용됩니다. **I'm not ready to get married yet.**(나 아직 결혼할 (마음의) 준비가 안됐어.)처럼요.

57

저 정말 기대돼요.

A 여행 때문에 하루 쉬는군요.

B 네, 저 정말 **기대돼요**.

✗ **I'm really** expecting **it.**

○ **I'm really** looking forward to **it.**

모던 패밀리(Modern Family) 대사 중

look forward to ~을 기대하다

expect는 어떤 근거를 토대로 '〜일이 발생할 것이라 믿다, 예상하다' 또는 '어떤 사람이 올 것을 예상하다'라는 의미로 '기대감'의 감정을 표현하지는 않죠. We're expecting a delivery at 10 a.m.(우리는 배달이 10시에 올 거라고 예상해.)처럼요. 기대감과 설렘을 나타내는 위의 예문에 적절한 표현은 look forward to입니다. 참고로 to는 전치사라서 뒤에 명사나 동명사(-ing)가 온다는 것도 기억해두세요.

😊 추가 표현

· look forward to meeting my friend 친구를 만나기를 기대하다

REAL 상황별 실전 회화 연습

훈련 하루 휴가 낸 직장 동료

A You're taking a day off for the trip.

B Yeah, 저 정말 기대돼요.

· day off 휴가, 쉬는 날
· take a day off 하루 휴가 내다

도전! 영화가 기대되는 친구

A 나 이 영화 기대돼.

B I've been wanting to see it, too.

· have been -ing (계속) ~해오다

훈련

A 여행 때문에 하루 쉬는군요.
B 네, I'm really looking forward to it.

도전!

A I'm looking forward to this movie.
B 나도 그거 보고 싶었어.

🗣 원어민이 들려주는 리얼 영어

원어민들이 무언가 기다려지는 설렘을 표현할 때 look forward to 외에 can't wait 도 많이 사용해요. '기다릴 수 없을 만큼 기대된다'와 같은 의미를 내포하는 것이지요. I can't wait for our trip.(나 정말 우리 여행 기대돼.)처럼요.

우리 여기서 노는 게 어때?

A 우리 여기서 **노는 게** 어때?

B 음... 근데 술집에 사람이 정말 꽉 찼네.

✖ Why don't we play here?

◯ Why don't we hang out here?

프렌즈(Friends) 대사 중

---

hang out (성인들이) 놀다, 시간을 보내다

play는 주로 어린아이들이 '놀다', 또는 어린아이와 '놀아주다'의 의미예요. 물론 게임이나 경기를 한다고 할 때는 어른 아이 상관없이 play를 씁니다. 위의 예문은 성인들이 친구들과 시간을 보내며 노는 상황이에요. 그럴 때 적절한 표현은 hang out이랍니다. 참고로, hang이 '~와 놀다, ~에 걸다'의 의미일 때는 과거형이 hung이지만, '교수형에 처하다'라는 의미일 때 과거형은 hanged라는 점 유의하세요.　　　　* hang – hung – hung

---

💬 **추가 표현**

· hang out <u>with</u> 사람 ~와 놀다, 시간을 보내다

REAL 상황별 실전 회화 연습

훈련 시끄러운 술집에서 놀기 제안

> **A** 우리 여기서 노는 게 어때?

> **B** Um... The bar is so packed though.

· packed (사람이) 꽉 찬 (=crowded)
· though (문장 끝에서) 하지만

도전! 이미 다른 약속이 있는 친구

> **A** Let's go see a movie tonight.

> **B** Sorry, 나 Jessica랑 놀 거야.

· go see a movie 영화를 보러 가다
· be going to 동사원형 ~할 예정이다   · hang out with ~ ~와 놀다

훈련

A Why don't we hang out here?
B 음... 근데 술집에 사람이 정말 꽉 찼네.

도전!

A 오늘 밤에 영화 보러 가자.
B 미안, I'm going to hang out with Jessica.

🗣 원어민이 들려주는 리얼 영어

원어민들이 친구들과 시간을 보낼 때 hang out도 사용하지만, 그냥 '쉰다'는 의미가 강한 chill out도 회화에서 많이 사용한답니다. **We're just chilling out.**(우리 그냥 쉬고 있어.)처럼요.

너 나를 기억 못 하는구나.

A 너 나를 **기억** 못 **하는구나.**

B 미안해. 힌트 좀 줄래?

 You don't memorize me.

You don't remember me.

위기의 주부들(Desperate Housewives) 대사 중

---

remember 기억하다

memorize는 시, 단어, 공식 등을 '암기하다'라는 뜻으로 학습과 관련되어 있어요.
I memorize a poem every week.(나는 매주 시를 암기해.)처럼요. 그래서 사람을
암기한다고 하면 어색하죠. 반면 remember는 '기억하다'가 대표 뜻인데, 어떤 정보가
떠오르거나 어떤 정보를 머리에 저장한다는 의미죠. 위의 예문처럼 remember me라
고 하면 '나'라는 사람에 대한 정보가 떠오른다는 의미가 됩니다.

🔁 **추가 표현**
· remember 사람 <u>from</u> ~에서 …를 본 것을 기억하다

REAL 상황별 실전 회화 연습

Track 26

훈련 친구 기억해내기

A 너 나를 기억 못 하는구나.

B Sorry. Can I get a little help?

· get a little help 약간의 도움을 받다. (상황에 따라) 힌트를 얻다

도전! 같은 비행기를 탔던 직장 동료

A We were on the same flight.

B Oh, 저 공항에서 당신 본거 기억나요.

· on the flight 비행기를 탄
· remember 사람 from ~에서 …를 본 것을 기억하다

훈련

A You don't remember me.
B 미안해. 힌트 좀 줄래?

도전!

A 우리 같은 비행기 탔어요.
B 오, I remember you from the airport.

🗣 원어민이 들려주는 리얼 영어

원어민들이 '기억하다'와 관련해서 자주 사용하는 표현이 있어요. **You remind me of my school days.**(넌 나의 학창시절을 떠올리게 해.)처럼 〈remind 사람 (of ~)〉라고 하면 '(~을) 생각나게 하다, 상기시키다'라는 뜻이랍니다.

63

나 다리 아파.

A 나 다리 **아파**.

B 다리 움직이지 마. 더 안 좋아질 수 있어.

✗ My leg is sick.

○ My leg hurts.

로스트(Lost) 대사 중

---

hurt 자동사 ~이 아프다 타동사 ~을 다치게 하다

sick은 I'm sick.(나 아파.)처럼 감기에 걸렸거나 전반적으로 몸 상태가 좋지 않을 때 쓰는 형용사예요. 그래서 신체 특정 부위가 아프다고 할 때는 안 써요. 대신 hurt는 '아프다'라는 자동사로 예문에서처럼 특정 부위가 아프다고 할 때 쓸 수 있죠. 또 I hurt my back.(나는 허리를 다쳤다.)처럼 hurt는 타동사로 '~를 다치게 하다'라는 의미도 있답니다.

💬 유사 표현

· My leg is sore. 나 다리 욱신거려. (sore: 근육을 많이 써서 아픈)

REAL 상황별 실전 회화 연습

훈련 다리를 다친 친구

나 다리 아파.

Don't move your leg.
You can make it worse.

· make (something) worse (상황을) 더 안 좋게(나쁘게) 만들다
(bad – worse – worst)

도전! 신발이 불편한 친구

Your shoes look too tight.

Right. 나 발이 정말 아파.

· tight 꽉 조이는, 꽉 끼는

훈련	도전!
A My leg hurts.	**A** 네 신발 너무 꽉 조여 보인다.
B 다리 움직이지 마. 더 안 좋아질 수 있어.	**B** 맞아. My feet really hurt.

 원어민이 들려주는 리얼 영어

원어민들이 아파서 죽을 것 같다고 강조해서 표현할 때 동사 kill을 사용해요. **My feet are killing me.**(발이 아파 죽겠어.)처럼요. 상황의 힘듦을 토로할 때도 쓸 수 있답니다. **My boss is killing me.**(내 상사 때문에 힘들어 죽겠어.)처럼요.

집에 가는 길이에요.

A 벌써 퇴근했어요?

B 네, **집에** 가는 길이에요.

✗ **I'm on my way to house.**

〇 **I'm on my way home.**

내가 그녀를 만났을 때(How I Met Your Mother) 대사 중

---

home 명사 집, 가정 부사 집에, 집으로

home과 house는 상황에 따라 혼용이 가능하긴 해도 개념이 조금 다릅니다. home은 개인이 시간을 보내고 안락함을 느끼는 개인적·감정적 의미의 '집, 가정'을 의미해요. house는 '건물로서의 집(주택), 가족이 사는 집'이고요. 위의 예문은 내가 편하게 시간을 보낼 '집'에 가는 것이기 때문에 home이 적절해요. 참고로 home이 '집에, 집으로' 라는 부사적 의미로도 쓰이기 때문에 전치사 to는 쓰지 않아요.

🔋 **추가 표현**
· go home 집으로 가다

REAL 상황별 실전 회화 연습

훈련 퇴근하는 직장동료

A Did you already leave the office?

Yeah, 집에 가는 길이에요.
B

· leave the office 퇴근하다
· on one's way (to) ~로 가는 길인

도전! 수업 하나 더 듣는 친구

A 너 집에 갈 거야?

No, I have to go to one more class.
B

· go to a class 수업을 들으러 가다
(*cf.* take a class 수업을 듣다, 수강하다)

훈련

A 벌써 퇴근했어요?
B 네, I'm on my way home.

도전!

A Are you going home?
B 아니, 나 수업 하나 더 들으러 가야
돼.

🗣 원어민이 들려주는 리얼 영어

원어민들은 home을 심리적 안정감과 연관 지어 생각해요. **Make yourself at home.**
(편하게 있어.), **I feel at home.**(마음이 편해.)과 같은 문장을 보면 집에 있는 것처럼 안
정되고 편안하다는 의미에서 **home**을 사용한답니다.

어째서 집에 이렇게 일찍 왔어?

A 어째서 집에 이렇게 **일찍** 왔어?

B 나 회의 때문에 피곤해.

 How come you're home so fast?

 How come you're home so early?

모던 패밀리(Modern Family) 대사 중

early 예상보다 빨리, 일찍

한국말로 '빨리'에 해당되는 두 단어 fast, early를 자주 혼동해서 쓰는데요. fast는 움직임이나 속도가 빠르다고 할 때 씁니다. You walk fast.(너 빨리 걷는다.)처럼요. 반면에 예문처럼 '예상 또는 계획보다 빨리, 일찍'의 의미를 내포하는 단어는 early예요. 참고로 fast, early 둘 다 형용사와 부사로 쓰일 수 있답니다.

＊ 문법 실수 클리닉 154쪽 10번 참고

📳 추가 표현

· go to work early 일찍 출근하다   · get off work early 일찍 퇴근하다

REAL 상황별 실전 회화 연습 Track 29

훈련 웬일로 집에 빨리 온 남편

A 어째서 집에 이렇게 일찍 왔어?

B I'm tired from my meeting.

· How come 문장? 어째서(왜) ~ 하니?
· tired from ~ ~ 때문에 피곤한

도전! 직장 동료와의 카풀

A 나 내일 일찍 출근해야 돼.

B Oh, then we can carpool.

· go to work 출근하다
· carpool (to work) (출근할 때) 합승하다

훈련

A How come you're home so early?
B 나 회의 때문에 피곤해.

도전!

A I should go to work early tomorrow.
B 오, 그럼 우리 합승하면 돼.

원어민이 들려주는 리얼 영어

early라는 단어는 형용사로 '빠른'이라는 뜻 외에도 '초창기의, 초기의'라는 뜻으로 많이 쓰입니다. 어떤 기간이나 사건의 '초기'라는 의미로 많이 쓰이는 예로는, 2000년대 초the early 2000s, 30대 초반early thirties 등이 있답니다. 반대 표현을 쓰고 싶다면 2000년대 후반the late 2000s, 30대 후반late thirties가 되겠죠?

휴식을 좀 취해.

A 나 가서 자야겠어.

B 너 창백해 보여. **휴식을** 좀 취해.

 Get some break.

 Get some rest.

더 오피스(The Office) 대사 중

---

rest 명사 (긴) 휴식 동사 (긴) 휴식을 취하다

break는 '(작업 중의) 휴식, 쉬는 시간'을 의미해요. 특히 Let's take a break and have lunch.(우리 잠깐 쉬고 점심 먹자.)처럼 동사 take와 주로 쓰입니다. 반면, rest 는 몸의 피로를 풀거나 여가 시간을 보내면서 쉬는 것으로 get some rest라고 자주 쓰입니다. 단, 동사 take와는 쓰이지 않으니 꼭 유의하세요. (take some rest ×)

➕ 유사 표현

· rest 휴식을 취하다 · relax 휴식을 취하다

REAL 상황별 실전 회화 연습

훈련 휴식이 필요한 친구

I need to go get some sleep.

You look pale. 휴식을 좀 취해.

· go get some sleep 자러 가다
· pale 창백한

도전! 주말에 있었던 일 묻기

What did you do last weekend?

Nothing special. 나 주말 동안 쉬었어.

· nothing 아무것도 · special 특별한
· over the weekend 주말(동안)에

훈련

A 나 가서 자야겠어.

B 너 창백해 보여. Get some rest.

도전!

A 지난 주말에 뭐 했어?

B 별거 없었어. I got some rest
over the weekend.

원어민이 들려주는 리얼 영어

rest(휴식을 취하다)가 동사로 단독으로 쓰이면 일정 기간 동안 상대적으로 길게 쉬는 것을 의미하기 때문에 긴 기간 표현과 함께 쓰인답니다. I rested all day.(나 하루 종일 쉬었어.), I will rest for the whole weekend.(나 주말 내내 쉴 거야.)처럼요.

기억에 오래 남는 **Review**_Part 2

다음 문장들을 30초 안에 영어로 말해보세요.

1. 맞는지 보게 이거 입어봐.
2. 나 내일모레 떠나.
3. 나 그의 사인을 받았어.
4. 머리 조심해!
5. 난 너 절대 무시 안 했어.
6. 그거 너한테 잘 어울려.
7. 나 다리 아파.
8. 이 알약 먹어.
9. 우리 여기서 노는 게 어때?
10. 나 출근 준비해야겠어.

우리말로 speak

다음 문장들을 30초 안에 우리말로 말해보세요.

1. Try this on for size.
2. I'm leaving the day after tomorrow.
3. I got his autograph.
4. Watch your head!
5. I never looked down on you.
6. It suits you well.
7. My leg hurts.
8. Take this pill.
9. Why don't we hang out here?
10. I have to get ready for work.

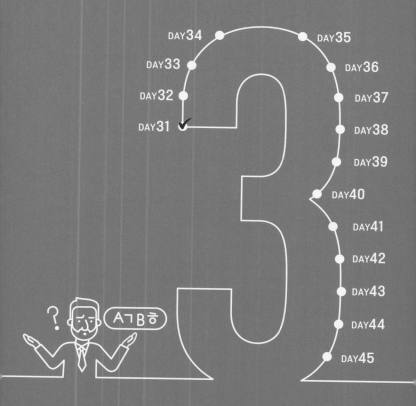

PART 3

영어 문장,
원어민은
이렇게 안 쓴다?

'힘내!'를 무조건 Cheer up!하면 안 된다고요?

DAY 34

DAY 35

DAY 33

DAY 36

DAY 32

DAY 37

DAY 31 ✔

DAY 38

DAY 39

DAY 40

DAY 41

DAY 42

A ㄱ B ㅎ

DAY 43

DAY 44

DAY 45

힘내!

A 나 Blaire한테 데이트 신청 하고 싶어.

B 힘내! 행운을 빌게!

 Cheer up!

 Go for it!

가십걸(Gossip Girl) 대사 중

Go for it! 힘내!, 한번 해봐!

'힘내'를 영어 사전에서 찾으면 보통 cheer up이라고 나옵니다. 그런데 cheer up은 슬프고 우울한 사람을 위로할 때 쓰여요. 우리말로 '힘내!'는 하나지만 상황에 따라 다양한 영어 표현을 쓰기 때문에 직역하지 않도록 유의해야 돼요. 위의 예문은 용기가 필요한 친구에게 힘을 주는 상황이므로 용기를 북돋아주는 Go for it!(한번 해봐!, 힘내!)가 적절합니다.

➕ 유사 표현

· Give it a shot. 한번 해봐.　· Give it your best. 최선을 다해봐.

REAL 상황별 실전 회화 연습

훈련 친구의 데이트 신청 응원하기

 A I want to ask Blaire out.

B 힘내!(한번 해봐!) Good luck!

· ask 사람 out ~에게 데이트 신청하다

도전! 최종 면접 응원하기

 A I have the final interview tomorrow.

B 최선을 다해봐!(힘내!)
Hope you get the job.

· Give it your best. 최선을 다해봐.

· final interview 최종 면접
· get a job 직장을 구하다

훈련

A 나 Blaire한테 데이트 신청하고 싶어.
B Go for it! 행운을 빌게!

도전!

A 나 내일 최종 면접 남았어.
B Give it your best! 직장 구하길
바랄게.

원어민이 들려주는 리얼 영어

Cheer up!은 위로하는 표현이지만 내포된 의미는 '슬퍼하지 말고 기분을 바꿔봐.' 인데 정말 슬프고 심각한 사람에게는 쓰지 않아요. 대신 원어민들은 위로할 때 Keep your chin up.(턱을 들고 기운 내.), Hang in there.(꿋꿋이 버텨.)을 많이 사용합니다.

DAY 32

나 별로 그럴 기분 아니야.

A 브런치 먹으러 갈래?

B 미안, 나 별로 그럴 기분 아니야.

✖ I don't really feel good.

I'm not really in the mood.

위기의 주부들(Desperate Housewives) 대사 중

I'm not in the mood. 그럴 기분이 아니다

I don't feel good.은 '몸 상태가 좋지 않다.'라는 의미입니다. 위의 예문은 기분이 좋지 않아서 어떤 일을 하고 싶지 않은 것이니 I'm not really in the mood.가 적절하죠. 여기서 mood는 '기분'이라는 뜻이고 not과 함께 상대방의 제안을 거절할 때 쓰일 수 있어요. 이때 not 뒤에 really를 써주면 완곡하게 거절하는 느낌을 전달할 수 있어요.

➕ **추가 표현**

· I'm not in the mood <u>to talk</u>. 나 대화할 기분 아니야.
· I'm not in the mood <u>for dancing</u>. 나 춤출 기분 아니야.

REAL 상황별 실전 회화 연습

훈련 브런치 제안 거절

A Would you like to go for brunch?

B Sorry, 나 별로 그럴 기분 아니야.

· would like to 동사원형 ~을 하고 싶다
· brunch 브런치 (늦은 아침 식사 breakfast+lunch)

도전! 기분이 좋지 않은 친구

A Let's talk for a minute first.

B 나 대화할 기분 아니야.

· for a minute 잠시 동안, 잠깐
· in the mood to 동사원형 ~할 기분이다

훈련

A 브런치 먹으러 갈래?
B 미안, I'm not really in the mood.

도전!

A 잠깐 대화 먼저 하자.
B I'm not in the mood to talk.

🗣 원어민이 들려주는 리얼 영어

원어민들이 mood 앞에 형용사를 써서 다양한 감정을 표현하기도 해요. in a good mood(기분이 좋은), in a bad mood(기분이 안 좋은)처럼요. 형용사 없이 no를 활용해 in no mood for 명사/to 동사원형(~할 기분이 아니야)처럼 말해볼 수도 있답니다.

여기가 어디죠?

A 실례합니다. 여기가 어디죠?

B Lake Street인데요.

✖ Where is here?

⭕ Where am I?

워킹 데드(The Walking Dead) 대사 중

Where am I? 여기가 어디죠? (제가 어디 있죠?)

길을 물을 때 '여기가 어디죠?'를 직역해서 Where is here?라고 물으면 원어민은 잘 이해를 못해요. here가 '여기에'라는 뜻의 부사라서 '여기에 어디?'로 이상하게 들리거든요. 그래서 위의 예문에 적절한 표현은 Where am I?(내가 어디에 있나요? → 여기가 어디죠?)가 됩니다.

😊 유사 표현

· **Where are we?** 우리 어디에 있어? → 여기 어디야? (나 포함 여럿일 때)

REAL 상황별 실전 회화 연습

훈련 모르는 사람에게 길 묻기

A Excuse me. 여기가 어디죠?

B You are on Lake Street.

· on ~ Street ~ Street에 있는

도전! 바(bar)에 가는 두 친구

A 여기 지금 어디야?(우리 지금 어디에 있어?)

B You don't see that sign? Just follow me.

· Where are we? 여기 어디야? (우리 어디에 있어?)
· follow ~를 따르다

훈련

A 실례합니다. Where am I?
B Lake Street인데요.

도전!

A Where are we now?
B 저 표지판 안 보여? 그냥 나 따라와.

원어민이 들려주는 리얼 영어

'나 여기 좋아'라고 할 때 한국인들이 I like here.라고 하는 경우가 꽤 있어요. 원어민은 이 문장을 틀린 문장이라고 생각해요. here는 '여기에'라는 뜻의 부사니까 '나 여기에 좋아.'로 어색한 의미가 되거든요. 그래서 원어민은 I like it here.라고 말하는데, 여기서 it 는 그곳의 분위기를 가리키는 말이 될 수 있답니다.

또 만나다니 반갑네요.

A 안녕하세요. 우리 전에 잠깐 본 것 같아요.

B 맞아요. 또 만나다니 반갑네요.

✖ **Nice to meet you again.**

⭕ **Nice to see you again.**

내가 그녀를 만났을 때(How I Met Your Mother) 대사 중

Nice to see you again. 또 만나다니 반가워.

회화를 배울 때 '만나서 반가워.'를 Nice to meet you.라고 배웠을 겁니다. 이 표현은 '처음 만나서 반갑습니다.'라는 의미를 내포하고 있어요. 처음 만났는데 again(다시)을 붙여서 쓰면 어색하지 않나요? 이미 아는 사이에는 동사 see를 써서 (It's) Nice to see you again. 또는 (It's) Good to see you again.이라고 말할 수 있답니다.

🗨 **강조 표현**

· It's <u>so</u> nice to see you again. 다시 만나서 정말 반가워.

REAL 상황별 실전 회화 연습 Track 34

훈련 만난 적 있는 두 사람

A Hello. I think we met before, briefly.

B Yeah. 또 만나다니 반갑네요.

· briefly 잠시, 짧게

도전! 친구에게 남자친구 인사시키기

A You remember my boyfriend, Luke?

B Sure. Luke, 또 만나다니 반가워.

· remember 기억하다
· boyfriend 남자친구 (*cf.* boy friend 남자인 친구)

훈련

A 안녕하세요. 우리 전에 잠깐 본 것 같아요.
B 맞아요. Nice to see you again.

도전!

A 너 내 남자친구 Luke 기억하지?
B 당연하지. Luke, nice to see you again.

🗣 원어민이 들려주는 리얼 영어

원어민이 아는 사람에게 인사를 건넬 때, **How have you been?**(어떻게 지냈어?), **I haven't seen you for a while.**(우리 못 본 지 오래됐네.)라고 말하곤 합니다. 흔히 **How's it going?**/**How are you?**(어떻게 지내?)처럼 묻기도 하는데, 어떻게 지냈는지 장황하게 설명할 필요 없이 간단히 **Good, Fine** 정도로 대답하면 됩니다.

나 계속 그것에 대해 생각했어.

A ㄱ B ㅎ

A Nancy 좀 이상했어.

B 맞아. 나 계속 그것에 대해 생각했어.

✗ **I was continuously thinking about it.**

○ **I kept thinking about it.**

모던 패밀리(Modern Family) 대사 응용

keep -ing 계속 ~하다

'계속'이라고 사전에 검색하면 continuously가 나오죠. continuously는 nonstop과 같은 의미라서 continuously thinking이라고 하면 단 1초도 쉬지 않고 생각이 끊이지 않았다는 의미라 원어민에게 어색하게 들려요. 위의 예문은 반복적으로 생각했다는 의미입니다. 〈keep -ing〉의 형태를 활용해, 어떤 일이나 행동이 잠시 멈추었다가 발생하거나 반복된다는 의미를 표현할 수 있습니다. * keep – kept – kept

💬 유사 표현
· have been -ing (과거부터) 계속 ~해오다

REAL 상황별 실전 회화 연습

훈련 Nancy의 행동이 신경 쓰이는 친구

A Nancy was a little bit weird.

B Yeah. 나 계속 그것에 대해 생각했어.

· a little bit 약간 · weird 이상한

도전! 친구의 첫 데이트 물어보기

A Did you guys hit it off right away?

B Not really. 걔 계속 쓸데없는 말했어.

· hit it off 죽이 잘 맞다
· right away 곧바로 · talk nonsense 쓸데없는 말을 하다

훈련

A Nancy 좀 이상했어.

B 맞아. I kept thinking about it.

도전!

A 너네 곧바로 잘 맞았어?

B 아니 별로. He kept talking nonsense.

원어민이 들려주는 리얼 영어

'이틀간 비가 내렸어.'는 영어로 중의적인 두 문장이 될 수 있어요. It continuously rained for two days.는 이틀간 한 번도 쉬지 않고 비가 내렸다는 뜻이고 It kept raining for two days.라고 하면 이틀간 비가 그쳤다 내렸다를 반복하면서 비가 계속 내렸다는 뜻입니다.

어떻게 생각해?

A 고기가 너무 익었어.
어떻게 생각해?

B 글쎄... 난 맛있는 것 같은데.

**✗ How do you think
(about it)?**

**○ What do you think
(about it)?**

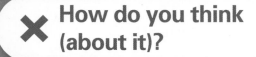

내가 그녀를 만났을 때(How I Met Your Mother) 대사 중

What do you think (about ~)? (~에 대해) 어떻게 생각해?

'어떻게 생각해?'라는 영어 표현을 How do you think?라고 많이 쓰는데 이 표현은 의견을 묻는 게 아니라 생각하는 방법을 물어보는 겁니다. 그럼 대답은 with my brain 이 되겠죠. '어떻게'를 항상 how로 직역하면 안돼요. 의견을 물어볼 때는 What do you think?(생각하는 게 무엇이니?)로 이해해 보세요. 여기서 '무엇'이란 '의견'이 된다는 점이 중요합니다.

➕ **추가 표현**

· **What do you think of 사람?** ~에 대해 어떻게 생각해?

84

REAL 상황별 실전 회화 연습

훈련 스테이크 먹으면서

The meat is overcooked.
어떻게 생각해?

Well... I think it's good.

· overcooked 너무 익은 (↔ undercooked 덜 익은)

도전! 친구에 대해 이야기하기

Lily에 대해 어떻게 생각해?

She's nice but talkative.

· What do you think of 사람? ~에 대해 어떻게 생각해?
· talkative 수다스러운

훈련

A 고기가 너무 익었어.

　 What do you think?

B 글쎄... 난 맛있는 것 같은데.

도전!

A What do you think of Lily?

B 걔는 착한데 수다스러워.

🗣 원어민이 들려주는 리얼 영어

미국의 교사나 교수들은 수업 중 학생들에게 의견을 묻는 질문을 많이 합니다. **What would you do in this situation?**(이런 상황이면 어떻게 할까요?), **Who agrees with this idea?**(누가 이 의견에 동의하죠?)처럼요. 이러한 문화에 익숙해져 미국인들이 자신의 의견을 다른 사람들과 공유하는 것이 자연스러운 것이랍니다.

내 맘이지.

A 너 옷에 왜 이렇게 집착해?

B 내 맘이지.

✖ Because it's my mind.

⭕ It's my choice.

더 오피스(Office) 대사 중

It's my choice. 내 맘이지. (내 선택이야.)

예문의 '내 맘이지'는 '내 선택, 내가 원해서'라는 의미와 같습니다. 그런데 Because it's my mind.라고 하면 '내 정신 때문이야.'라는 어색한 의미가 돼요. mind의 의미인 '마음'은 여기서 '정신, 사고방식'을 의미하기 때문이죠. a state of mind(정신 상태)처럼요. 위의 예문처럼 내가 원해서 어떤 행동을 했다는 의미를 내포하는 표현은 It's my choice.가 가장 적절해요.

💬 유사 표현

· **(Just) Because I want to.** 내 맘이지. (Why do you 동사 ~?로 묻는 경우)

REAL 상황별 실전 회화 연습

훈련 새 옷을 자꾸 사는 친구

> Why are you so obsessed with clothes?

> 내 맘이지.

· be obsessed with ~ ~에 욕심이 많다, 집착하다

도전! 친구의 연애 참견

> Why are you seeing Ron again?

> 내 맘이지.

· see 사람 ~를 만나다(사귀다)

훈련	도전!
A 너 옷에 왜 이렇게 집착해?	**A** 너 왜 Ron 다시 만나?
B It's my choice.	**B** It's my choice.

🗣 원어민이 들려주는 리얼 영어

미국인들은 선택의 자유freedom of choice 즉, 자신의 의지를 중요히 생각해요. 그래서 **It's my choice.**(내 맘이지.)와 같은 영어 표현이 자연스러운 것이죠. 선택의 자유란 No라고 말할 수 있는 것이니까 혹시 미국인이 당신의 부탁을 거절해도 너무 당황하지 마세요.

취업 준비 중이에요.

A 직업이 뭐예요?

B 취업 준비 중이에요.(쉬고 있어요.)

✖ I'm preparing for a job.

⭕ I'm between jobs.

로스트(Lost) 대사 중

I'm (in) between jobs. 취업 준비 중이다.(일을 쉬고 있다.)

'취업 준비하다'를 직역해서 prepare for a job이라고 흔히 쓰는데, job이 직업과 일 모두를 뜻해서, 현재하는 일을 위해 무언가 계획해서 준비한다는 의미로도 들립니다. 구 직 중일 때 혹은 이직 준비할 때 많이 쓰는 표현이 I'm (in) between jobs.입니다. 직 업과 직업 사이에 있는 상태니까 jobs(복수형)로 쓰는 것이고요.

📚 유사 표현

· hunt for a job 구직하다   · be unemployed 실직하다
· be out of work 백수 상태다   · self-employed 프리랜서, 자영업자(개인 사업자)

REAL 상황별 실전 회화 연습

Track 38

훈련 동호회에서의 첫 만남

A What do you do?

B 취업 준비 중이에요.

· **What do you do?** 직업이 뭐예요? (무슨 일 하세요?)

도전! Linda의 직업이 궁금한 친구

A What does Linda do for a living?

B 걔 지금은 취업 준비 중이야.

· **for a living** 생계를 위해
· **at the moment** 지금은 (=now)

훈련

A 직업이 뭐예요?
B I'm between jobs.

도전!

A Linda는 직업이 뭐야?
B She is in between jobs at the moment.

🗣 원어민이 들려주는 리얼 영어

미국에서 인종, 종교, 성별, 나이 등을 기반으로 자격이 있는qualified 입사 지원자job candidate를 차별하는 것은 불법입니다. 그러니 당신이 구직자job hunter라면 이력서에 그러한 정보를 언급하지 마세요. 특히 미국에서는 한국과 달리 이력서 상에 구직자의 사진을 포함하지 않는답니다.

DAY 39

진짜 답답해.

A ㄱ B ㅎ

A 우리 애들이 내 말 절대 안 들어.

B 우리 아들도야. (그거) 진짜 답답해.

✕ I feel so stuffy.

◯ It's so frustrating.

위기의 주부들(Desperate Housewives) 대사 중

It's frustrating. 답답하다.(짜증이 난다.)

사전에서 '답답한'을 찾으면 stuffy라고 나오지만 stuffy는 환기가 안되거나, 코가 막혀서 답답할 때 쓰는 단어입니다. This room is stuffy.(방이 답답해.), My nose is stuffy. (나 코가 막혔어.)처럼요. 위의 예문처럼 '감정적으로 답답한 느낌'을 나타내는 직접적인 영어 표현은 없어요. 대신 It's frustrating.이 적절해요. frustrating은 '짜증이 날 정도로 답답하게 하는'의 의미를 내포하기 때문이죠. ＊ 문법 실수 클리닉 153쪽 7, 8번 참고

🗨 유사 표현

· I'm frustrated. 나 답답해. (주어가 감정을 느끼는 경우 과거분사 frustrated)

90

REAL 상황별 실전 회화 연습

Track 39

훈련 말 안 듣는 아이 때문에 답답한 부모

A My kids never listen to me.

B My son, too. (그거) 진짜 답답해.

· listen to 사람 ~의 말을 듣다

도전! 영어 실력이 안 늘어 답답한 친구

A I feel like my English isn't improving.

B Me too. 나 진짜 답답해.

· improve 나아지다 (자동사)

훈련

A 우리 애들이 내 말 절대 안 들어.
B 우리 아들도야. It's so frustrating.

도전!

A 영어 실력이 나아지지 않는 것 같아.
B 나도야. I'm so frustrated.

 원어민이 들려주는 리얼 영어

frustration은 짜증annoyance과 동시에 무기력감을 느끼는feel helpless 감정을 표현하는 단어예요. 주로 원했던 일이 일어나지 않는 상황에 대해 It's frustrating.이라고 말하거나, 원하지 않은 일이 일어나서 답답한 감정을 느꼈을 때 I'm frustrated.라고 말해보세요.

왜 우울한 얼굴이야?

A 왜 우울한 얼굴이야?

B 나 운전면허 시험 떨어졌어.

Why do you have the bad face?

Why the long face?

가십걸(Gossip Girl) 대사 중

Why the long face? 왜 우울한(시무룩한) 얼굴이야?

Why do you have the bad face?라고 하면 bad face가 '못된 얼굴'이라는 의미기 때문에 오해를 불러일으킬 수 있어요. 위의 예문에 적절한 표현은 Why (are you wearing) the long face?가 있습니다. 여기서 long face는 침울하고 우울한 얼굴을 뜻하는데 침울한 표정을 하면 얼굴이 아래로 길어지는 데서 이 표현이 유래됐다고 해요.

🔁 **유사 표현**

· What's wrong/the matter? 무슨 일 있어?
· You look depressed. 너 우울해 보여.

REAL 상황별 실전 회화 연습

Track 40

훈련 운전면허 시험에 떨어진 친구

왜 우울한 얼굴이야?

I failed my driving test.

· fail 시험에 떨어지다
· driving test 운전면허 시험

도전! 속상한 친구 위로하기

왜 우울한 얼굴이야?

I quarreled with my friend.
So now I'm upset.

· quarrel 다투다   · upset 언짢은

훈련

A Why the long face?
B 나 운전면허 시험 떨어졌어.

도전!

A Why the long face?
B 나 친구랑 다퉜어. 그래서 지금 기분 별로야.

원어민이 들려주는 리얼 영어

Why the long face?가 '무슨 일 있어?'라는 의미일 때 What's the matter?라고 말할 수 있습니다. 그런데 What's the matter with you?는 다른 뉘앙스를 풍겨요. '너 도대체 왜 그래?'라는 다른 사람의 행동을 비난하는 것처럼 무례하게 들린답니다.

나 눈치 보여.

A 너 내가 너무 예민하다고 생각해?

B 응, 나 눈치 보여.

✕ I care about you.

○ I'm walking on eggshells.

위기의 주부들(Desperate Housewives) 대사 응용

walk on eggshells 눈치를 보다

care about는 '~를 신경 쓰다, 관심을 가지다'라는 표현입니다. 즉, 다른 사람이 걱정되어 신경 쓰거나, 관심을 가진다고 할 때 쓰이죠. 위의 예문처럼 다른 사람의 눈치가 보여서 아주 조심스러울 때는 I'm walking on eggshells.라고 합니다. eggshells가 달걀 껍데기거든요. 그 위를 걷는다면 달걀 껍데기가 깨질까 봐 조심스러울 거예요. 그런 의미에서 다른 사람의 신경을 건드릴 까봐 눈치를 볼 때 쓸 수 있는 영어 표현이 되었죠.

➕ **추가 표현**

· walk on eggshells <u>around</u> 사람 ~의 눈치를 보다

REAL 상황별 실전 회화 연습 Track 41

훈련 예민한 친구 눈치 보기

A Do you think I'm so sensitive?

B Yeah, 나 눈치 보여.

· sensitive (성격이) 예민한, 민감한

도전! 눈치 보는 친구 걱정하기

A I told you not to tell Mike about it.

B What of it? 너 걔 눈치 보지 마.

· What of it? (그래서) 뭐 어때서?
· walk on eggshells around 사람 ~의 눈치를 보다

훈련

A 너 내가 너무 예민하다고 생각해?

B 응, I'm walking on eggshells.

도전!

A Mike한테 그거 말하지 말랬잖아.

B 뭐 어때? Don't walk on eggshells around him.

🗣 원어민이 들려주는 리얼 영어

walk on eggshells가 다른 사람의 신경을 건드릴까 봐 조심스러워하는 것을 표현하는 것처럼 유사한 관용 표현이 있어요. 〈tiptoe around + 사람〉인데요. tiptoe는 '발끝으로 살금살금 걷다'라는 뜻인데 특정 주제를 꺼내는 것이 조심스러워 상대방의 눈치를 보는 것을 잘 표현하고 있답니다.

DAY 42

우리 공통점이 있네.

A 나는 공상과학 영화 좋아해.

B 나도야. 우리 공통점이 있네.

✗ We have the same things.

○ We have something in common.

모던 패밀리(Modern Family) 대사 중

---

have something in common 공통점이 있다

공통점은 한국어 사전에 '둘 이상의 것에서 두루 통하는 것'을 뜻합니다. same things를 쓰면 물리적으로 물건 같은 것을 똑같이 가지고 있다는 것처럼 들립니다. 공통점을 표현하기엔 부족하죠. 반면 have something in common에서 common은 '공통의(여럿이 공유하는)', in common은 '공통으로'라는 뜻이라서 위의 예문에 가장 적합한 표현이죠.

➕ 추가 표현

· have so much/a lot in common 공통점이 정말 많다

 (→ have nothing in common 공통점이 하나도 없다)

96

REAL 상황별 실전 회화 연습

훈련 공상과학 영화를 좋아하는 두 친구

I love sci-fi movies.

I like them, too. 우리 공통점이 있네.

· sci-fi(=science fiction) 공상과학의 (SF ×)

도전! 공통점이 많은 두 친구

Bob is one of my best friends.

Yeah, 너희 둘은 공통점이 정말 많지.

· have so much in common 공통점이 정말 많다

훈련

A 나는 공상과학 영화 좋아해.
B 나도야. We have something in common.

도전!

A Bob은 내 친한 친구들 중 한 명이야.
B 그래, you two have so much in common.

 원어민이 들려주는 리얼 영어

common은 지니고 있는 의미가 다양해서 원어민들이 상황에 따라 자주 씁니다. 대표적으로 '공통의, 흔한, 평범한'의 뜻입니다. 특히 단짝처럼 붙어 다니는 명사가 있어요. common interest(공통 관심사), common knowledge(상식), common man(평범한 사람)처럼요.

생각해 놓은 게 있어?

A 이 도시를 벗어나자!

B 생각해 놓은 게 있어?

✗ Did you think something?

○ What do you have in mind?

가십걸(Gossip Girl) 대사 중

What do you have in mind? 생각해 놓은 게 있어?

'생각하다'라고 해서 무조건 think부터 말하지 말자고요. 위의 예문에 적절한 표현은 What do you have in mind?(생각해 놓은 게 있어?) 인데요. 이에 대한 대답은 아마도 어느 장소가 되겠죠. mind가 '생각'이라는 의미가 있기 때문에 마음속에 생각해 둔 것이나 염두 해 둔 것이 있는지 물어보는 의미를 내포합니다.

➕ **추가 표현**

· have <u>something/someone</u> in mind 생각해 놓은 것/사람이 있다

REAL 상황별 실전 회화 연습

Track 43

| 훈련 | 도시 벗어나기 |

A Let's get out of the city!

B 생각해 놓은 게 있어?

· get out of ~에서 나가다, 벗어나다

| 도전! | 서프라이즈 파티 준비하기 |

A What should we do for John's birthday?

B 나 생각해 놓은 것이 있어.

· have something in mind 생각해 놓은 것이 있다

훈련	도전!
A 이 도시를 벗어나자!	**A** John의 생일을 위해 뭘 할까?
B What do you have in mind?	**B** I have something in mind.

🗣 원어민이 들려주는 리얼 영어

in mind는 '마음속에, 생각으로'의 의미를 가지기 때문에 다른 동사와 합쳐져 '마음속에 새기다'의 의미를 만들어내죠. keep ~ in mind(~을 명심하다), bear ~ in mind(~을 기억하다, 명심하다)처럼요.

너 병원 가야겠다.

A그B허

DOCTOR

A 목에 큰 뾰루지가 났어.

B 오, 너 (개인) 병원 가야겠다.

✗ **You need to go to the hospital.**

○ **You need to see a doctor.**

위기의 주부들(Desperate Housewives) 대사 중

see a doctor 병원에 가다

영어권에서 hospital은 응급실이 딸린 종합 병원입니다. 그래서 go to the hospital 이라고 하면 수술이나 입원해야 할 큰 병에 걸렸다고 생각하죠. 감기나 배탈 등으로 동 네 병원, 개인 병원을 간다고 할 때는 see a doctor라고 합니다. 위의 예문은 뾰루지를 보고 개인 병원을 가보라는 의미를 내포하기 때문에 see a doctor가 적절하죠.

📵 **유사 표현**

· go to the doctor's office 병원에 가다

REAL 상황별 실전 회화 연습

Track 44

훈련 병원 가도록 조언하기

A big rash broke out on my neck.

Oh, 너 (개인) 병원 가야겠다.

- rash 두드러기, 발진, 뾰루지 · break out 갑자기 피부에 ~이 나타나다
- need to 동사원형 ~해야 한다, ~할 필요가 있다

도전! 몸이 안 좋은 친구

I think I'm coming down with something.

병원에 가보는 게 어때?

- come down with something (심각하지 않은 병에) 걸리다
- Why don't you ~? ~하는 것이 어때?

훈련

A 목에 큰 뾰루지가 났어.

B 오, you need to see a doctor.

도전!

A 나 몸이 아픈 것 같아.

B Why don't you see a doctor?

원어민이 들려주는 리얼 영어

미국인들은 응급상황일 땐 종합병원hospital에 가지만 그 외에는 그들의 주치의 Primary Care Physician(PCP) or family doctor에게 진료받아요. 주치의를 만난다는 개념으로 see a doctor라는 표현이 나온 것이죠. 주치의는 진료를 보고 전문의 specialist에게 연결을 해주거나 처방전prescription을 써주는 역할을 한답니다.

DAY 45

우리 만나기로 했었잖아.

A 우리 만나기로 했었잖아.

B 정말 미안해. 완전히 까먹었어.

 We had to meet up.

 We were supposed to meet up.

가십걸(Gossip Girl) 대사 응용

be supposed to 동사원형 ~하기로 되어 있다

〈be supposed to 동사원형〉은 '~하기로 되어 있다'라는 뜻으로 특히 과거 시제에서 쓰이면 과거에 했어야 하는 일이 현재 이루어지지 않은 것을 의미해요. 위의 예문 역시 만나기로 했지만 현재 만나지 못한 상황인 거죠. 반면 had to는 have to의 과거형으로 '과거에 반드시 ~해야만 했다' 즉, 과거에 어떤 행동을 의무적으로 했다는 의미랍니다.

➕ **추가 표현**

· I suppose you're right. 네가 맞는 것 같아. (추측의 의미)

REAL 상황별 실전 회화 연습

훈련 약속을 잊은 친구

A: 우리 만나기로 했었잖아.

B: So sorry. I totally forgot.

· meet up (특히 약속해서) 만나다
· totally 완전히

도전! 외국 대학원에 가지 않은 친구

A: 너 여기 있으면 안 되잖아.

B: I will not go abroad for graduate school.

· abroad 해외로 (*cf.* study abroad 해외에서 공부하다)
· graduate school 대학원

훈련

A We were supposed to meet up.
B 정말 미안해. 나 완전히 까먹었어.

도전!

A You're not supposed to be here.
B 나 대학원 해외로 안 갈 거야.

원어민이 들려주는 리얼 영어

〈be supposed to 동사원형〉은 다양한 관용어구처럼 쓰이는 경우가 많아서 알아두면 좋아요. What am I supposed to say?(제가 어떻게 말을 해야 할까요?), What's that supposed to mean?(그게 도대체 무슨 말이야?, 무슨 말을 하려 한 거야?)처럼요.

기억에 오래 남는 **Review**_Part 3

영어로 speak 다음 문장들을 30초 안에 영어로 말해보세요.

1. 실례합니다. 여기가 어디죠?
2. 또 만나다니 반갑네요.
3. 어떻게 생각해?
4. 취업 준비 중이에요.
5. 생각해 놓은 게 있어?
6. 그거 진짜 답답해.
7. 우리 만나기로 했었잖아.
8. 너 (개인) 병원 가야겠다.
9. 나 눈치 보여.
10. 왜 우울한 얼굴이야?

우리말로 speak 다음 문장들을 30초 안에 우리말로 말해보세요.

1. Excuse me. Where am I?
2. Nice to see you again.
3. What do you think?
4. I'm between jobs.
5. What do you have in mind?
6. It is so frustrating.
7. We were supposed to meet up.
8. You need to see a doctor.
9. I'm walking on eggshells.
10. Why the long face?

PART 4

아는 단어인데
헷갈려요.

see, look 아는 단어인데 헷갈려요.

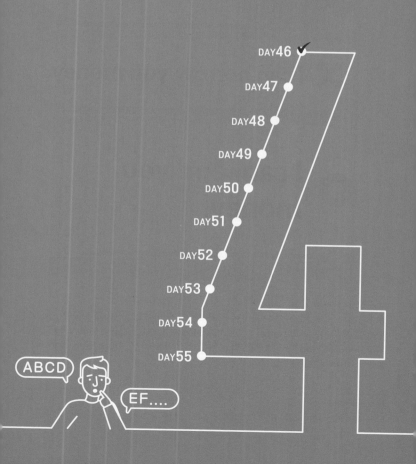

DAY46 ✔
DAY47
DAY48
DAY49
DAY50
DAY51
DAY52
DAY53
DAY54
DAY55

ABCD
EF....

DAY 46

내가 너에게 돈 빌려줄 수 있어.

A↗B↘

A 나 티켓 살 돈이 부족해.

B 내가 너에게 돈 **빌려줄** 수 있어.

✗ **I can borrow you money.**

○ **I can lend you money.**

프렌즈(Friends) 대사 중

lend (~에게) …을 빌려주다

우리말에서 '빌려오다'와 '빌려주다'는 글자 하나로 의미변화가 생기다 보니 borrow와 lend를 자주 혼동해요. borrow는 '빌려오기(take)', lend는 '빌려주기(give)'의 개념입니다. lend는 〈lend+사람+물건〉의 문장 형태가 가능하지만, borrow는 〈borrow+물건(+from 사람)〉의 문장 형태만 가능해요.

💬 **추가 표현**

· **I'll lend it to you.** 내가 너에게 그거 빌려줄게. (lend+물건+to 사람 ~에게 …을 빌려주다)

REAL 상황별 실전 회화 연습

훈련 흔쾌히 돈 빌려주기

A: I'm short of money for the tickets.

B: 내가 너에게 돈 빌려줄 수 있어.

· short of money 돈이 부족한

도전! 신용 카드 빌리는 아내

A: Honey, 나 신용 카드 좀 빌려줘.

B: Are you going shopping again?

· credit card 신용 카드 (*cf.* debit card 체크 카드)
· go -ing ~하러 가다

훈련	도전!
A 나 티켓 살 돈이 부족해.	**A** 여보, lend me your credit card.
B I can lend you money.	**B** 당신 쇼핑 또 가는 거야?

🗣 원어민이 들려주는 리얼 영어

lend와 borrow가 헷갈린다면 방향을 나타내는 전치사 from(~로부터)과 to(~에게)를 연결 지어 생각해보세요. People can borrow money from a bank.(사람들은 은행 으로부터 돈을 빌릴 수 있다.). A bank can lend money to people.(은행은 사람들 에게 돈을 빌려줄 수 있다.)처럼요.

DAY 47

나 가고 있어.

A 지금 어디야?

B 기다려, 나 (너한테) 가고 있어.

✖ I'm going.

⭕ I'm coming.

빅뱅이론(The Big Bang Theory) 대사 중

---

come 오다

go는 '가다', come은 '오다'로 외우기만 해서 상황에 맞게 쓰지 못하는데요. '듣는 사람 방향으로 가고 있다'고 할 때는 come을 씁니다. 위의 예문은 듣는 사람에게 간다는 의미기 때문에 I'm coming.이라고 해야 적절한 것이죠. go는 듣는 사람의 방향과 상관 없이 발화자가 '~로 가다'의 의미로 쓰입니다. **Where are you going?**(너 어디 가?)에 대한 대답이 **I'm going to the airport.**(나 공항 가.)인 것처럼요.

💬 **추가 표현**

· come to 장소 ~로 가다

REAL 상황별 실전 회화 연습

훈련 기다려도 오지 않는 친구

A Where are you now?

B Wait, 나 (너한테) 가고 있어.

도전! 길이 엇갈린 두 친구

A Hang on, 나 식당으로 가고 있어.

B Oh no! I'm already headed home.

· hang on 잠깐, 기다려
· be headed (for) ~로 향하다

훈련

A 지금 어디야?

B 기다려, I'm coming.

도전!

A 기다려, I'm coming to the restaurant.

B 오 안돼! 나 벌써 집으로 가고 있어.

🗣 원어민이 들려주는 리얼 영어

When will you arrive?(언제 도착해?)라는 질문을 받았을 때, 원어민들은 come이나 go가 움직임을 나타내는 동사기 때문에 이 상황에서는 잘 쓰지 않고요. 주로 I'll be/arrive there in 10 minutes.(10분 후에 도착해.)처럼 arrive(도착하다) 또는 be 동사(~에 있다)를 써서 도착한 상태를 표현해요.

DAY 48

나 너무 늦게 잤어.

A 너 밤 샜어? 너 피곤해 보여.
B 어젯밤에 나 너무 **늦게** 잤어.

✗ I got to bed so lately.

◯ I got to bed so late.

가십걸(Gossip Girl) 대사 중

---

late 형용사 **늦은** 부사 **늦게**

late는 형용사로 '늦은', 부사로 '늦게'라는 의미를 모두 가지고 있습니다. 위의 예문에서는 문장 끝에서 부사로 쓰인 경우입니다. 보통 형용사에 ly를 붙이면 부사가 되니까 late(늦은)에 ly를 붙여 '늦게'라고 잘못 사용하는 경우가 있어요. 하지만 lately는 부사로 '최근에'라는 의미입니다. 의미가 완전히 달라지니 유의하세요.

* 문법 실수 클리닉 155쪽 11번 참고

💬 **추가 표현**
· **work late** 늦게까지 일하다(야근하다)   · **stay up late** 늦게까지 깨어 있다

REAL 상황별 실전 회화 연습 Track 48

훈련 잠을 많이 못 잔 직장 동료

A Did you stay up all night? You look tired.

어젯밤에 나 너무 늦게 잤어. **B**

· **all night (long)** 밤새도록 · **look** 형용사 ~하게 보이다
· **get to bed** 잠자리에 들다 (=go to bed)

도전! 야근하는 친구와의 통화

A I'm still at work.

너 정말 늦게까지 일하네. **B**

· **be at work** 회사에 있다, 일하다
· **still** 여전히

훈련

A 너 밤 샜어? 너 피곤해 보여.

B I got to bed so late last night.

도전!

A 나 아직 회사에 있어.

B You're really working late.

🗣 **원어민이 들려주는 리얼 영어**

원어민들이 late외에도, '뒤늦은'의 의미를 표현하기 위해 자주 쓰는 단어가 있어요.
belated랍니다. Happy belated birthday.(늦었지만 생일 축하해.). Sorry for the
belated response.(답장이 늦어서 미안해요.)처럼요.

따뜻한 코트 가져와.

A 밖에 많이 추워?

B 응. 따뜻한 코트 **가져와**.

✖ Take a warm coat.

⭕ Bring a warm coat.

쉐임리스(Shameless) 대사 중

---

bring (~을) 가져오다

take는 '~을 가지고 가다'라는 의미입니다. 다른 곳으로 물건·사람을 가져가는 것이죠. 그래서 Take a coat.라고 하면 '코트(를 다른 곳으로) 가져가.'와 같은 의미가 됩니다. bring은 '~을 가지고 오다'는 의미입니다. 듣는 사람이 있는 곳으로 물건·사람을 가지고 오는 것입니다. 따라서 위의 예문에 적절한 단어는 bring이 되는 것이죠.

💬 **추가 표현**

· bring 사람 (to 장소) ~를 (…로) 데려오다

REAL 상황별 실전 회화 연습

훈련 밖에 있는 친구와의 전화 통화

A Is it freezing cold outside?

B Yes. 따뜻한 코트 가져와.

· freezing cold (꽁꽁 얼 만큼) 추운
· outside 밖에, 바깥에 · warm 따뜻한

도전! 친구의 여자친구 파티에 초대하기

A 네 여자친구 파티에 데려와도 돼.

B Okay. I hope she gets along with you guys.

· bring+사람+to 장소 ~를 …로 데려오다
· get along with 사람 ~와 친해지다, 잘 지내다

훈련	도전!
A 밖에 많이 추워?	**A** You can bring your girlfriend to the party.
B 응. Bring a warm coat.	**B** 좋아. 그녀가 너희들과 친해지면 좋겠어.

🗣 원어민이 들려주는 리얼 영어

〈take + 사람 + to 장소 (…를 ~로 데리고 가다)〉, 〈bring + 사람 + to 장소 (~로 …을 데리고 오다)〉는 걸어서 또는 차로 데려다준다는 의미 모두 가능해요. 반면, 차로 데려올 때는 〈pick + 사람 + up〉, 차로 데려다줄 때는 〈drop + 사람 + off〉로 구분해 쓰세요.

DAY 50

즐거웠어.

A 가족 여행 어땠어?

B 즐거웠어. 우리 좋은 시간 보냈어.

✕ It was funny.

⭕ It was fun.

빅뱅이론(The Big Bang Theory) 대사 중

---

fun 명사 **재미, 즐거움** 형용사 **재미있는, 즐거운**

funny의 유의어는 humorous, comical 등으로 이야기나 사람의 행동·모습이 '우스운, 웃기는'이라는 뜻입니다. He is a funny man.(그는 웃기는 사람이야.)처럼요. 반면 fun의 유의어는 enjoyment, pleasure로 대표 뜻이 '재미, 즐거움'인데 즐거운 시간을 보냈다는 것을 내포합니다. 위의 예문은 여행에서 즐거운 시간을 보냈다는 의미로 쓰였기 때문에 fun이 적절해요.

➕ **추가 표현**

· **have fun** 즐거운 시간을 보내다 · **a fun story** 재미있는 이야기

REAL 상황별 실전 회화 연습

훈련 가족 여행이 어땠는지 물어보기

A How was your family trip?

B 즐거웠어. We had a good time.

· family trip 가족 여행 (*cf.* business trip 출장)
· have a good time 좋은 시간을 보내다

도전! 서핑이 부러운 친구

A I will go surfing this weekend.

B I envy you. 즐거운 시간 보내!

· go surfing 서핑하러 가다
· envy ~를 부러워하다 · have fun 즐거운 시간을 보내다

훈련

A 가족 여행 어땠어?
B It was fun. 우리 좋은 시간 보냈어.

도전!

A 나 이번 주말에 서핑 하러 가.
B 부럽다. Have fun!

🗣 원어민이 들려주는 리얼 영어

원어민 친구가 웃기는 얘기를 들려줬을 때 You are so funny.(너 진짜 웃긴다.)라고 말한다면, 원어민 친구는 Why? I'm not a comedian.(왜? 나 코미디언 아니야.)라고 반응할지도 몰라요. 이럴 때는 들은 이야기가 웃긴지 아닌지를 말하는 게 적절하답니다. That's so funny.(그거 진짜 웃기다.)처럼요.

DAY 51

여기 크고 깨끗해.

A 이 집 정말 멋져.
B 맞아. 여기 크고 **깨끗해**.

❌ It's big and clear.

⭕ It's big and clean.

내가 그녀를 만났을 때(How I Met Your Mother) 대사 중

---

clean 형용사 **깨끗한** 동사 **청소하다, 깨끗이 닦다**

clear는 보통 '(이해하기에) 분명한, (유리/물 등이) 투명한, (날씨가) 맑은' 등의 의미로 쓰입니다. 반면 clean은 '더럽지 않은, (먼지 없이) 깨끗한'이라는 뜻으로 방·장소에 쓰이는 표현이랍니다. 위의 예문 역시 집이 깨끗하다는 의미기 때문에 clean이 적절한 것이고요. 참고로 clean은 동사로 '(청소 도구를 사용해) ~을 깨끗이 청소하다'라는 의미지만, clear는 동사로 '(잡동사니 등을) 치우다, 정리하다'의 의미로 쓰입니다.

💬 **추가 표현**
· clean up 청소하다 · get 사물 cleaned up ~을 청소가 되게 하다

116

REAL 상황별 실전 회화 연습 Track 51

훈련 새로 살 집을 알아보는 부부

A **This place is so nice.**

B **Right. 여기 크고 깨끗해.**

· place 장소, 집 · right 맞아

도전! 깨끗해진 친구의 차

A **Wow, 네 차 정말 깨끗하다.**

B **I just got it cleaned up.**

· get 사물 cleaned up ~을 청소가 되게 하다

훈련

A 이 집 정말 멋져.
B 맞아. It's big and clean.

도전!

A 와, your car is so clean.
B 나 방금 세차했거든.

🗣 원어민이 들려주는 리얼 영어

원어민들이 '청소하다'의 의미로 clean을 많이 사용하는 데 청소도구를 가지고 깨끗이 청소한다는 의미를 내포하고 있답니다. 가볍게 치우거나 정리할 때 clean보다는 tidy up(~을 정리하다, 치우다)을 활용해보세요.

나 그렇게 쳐다보지 마.

A 나 그렇게 **쳐다보**지 마.

B 네가 내 자리에 (앉아) 있잖아.

✖ Don't see me like that.

● Don't look at me like that.

빅뱅이론(The Big Bang Theory) 대사 중

---

look (at) (~을) 바라보다

see와 look 모두 '보다'라는 의미라서 헷갈리죠? see는 '보이는 것'이라고 생각하세요. 보려고 의도하지 않았는데 눈을 뜨고 있으니 보이는 거죠. I can see the moon. (나 달이 보여.)처럼요. 반면 look은 의도적으로 내가 보고 싶어서 보는 것을 의미해요. 그래서 목적어가 있을 땐 전치사 at이 항상 look과 쓰이며 '~을 바라보다'라는 의미가 됩니다.

💬 **추가 표현**

· take / have a look (at) ~을 한 번 보다

REAL 상황별 실전 회화 연습

훈련 자리 빼앗긴 친구

A 나 그렇게 쳐다보지 마.

B You are in my spot.

· like that 그런 식으로   · spot 특정한 곳, 장소

도전! 손재주 자랑하기

A 이것 한번 봐. Isn't it cute?

B A bracelet! You're good at crafts.

· be good at ~을 잘하다
· bracelet 팔찌   · crafts 공예

훈련

A Don't look at me like that.
B 네가 내 자리에 (앉아) 있잖아.

도전!

A Take a look. 귀엽지 않니?
B 팔찌네! 너 공예를 잘 하는구나.

🗣 원어민이 들려주는 리얼 영어

원어민들이 '보다'라는 뜻으로 watch를 쓰는 경우가 있는데, 이는 look at과 같이 주의를 기울여 본다는 의미예요. 단, look at보다 비교적 오랜 시간을 본다는 뜻이 됩니다. watch TV, watch a sports game처럼요.

DAY 53

네 목소리 들려.

A 문 닫아. 네 목소리 들려.

B 시끄럽게 해서 미안. 내가 문을 열어뒀네.

✕ I can listen to you.

〇 I can hear you.

 로스트(Lost) 대사 중

---

hear (귀에) 들리다, (소문을) 듣다, (주의를 기울여) 듣다

listen은 '(집중해서) 듣다'라는 의미로 주로 전치사 to와 함께 씁니다. hear은 귀가 있기 때문에 '~이 들린다'는 의미를 내포하고, '들었는지 안 들었는지'에 집중하죠. 위의 예문은 문이 열려서 상대방의 말소리가 들린다는 의미기 때문에 I can hear you.가 적절해요. 참고로 상황에 따라 I heard the radio.(라디오를 들었다.)처럼 hear가 '주의를 기울여 듣다'의 의미로 쓰일 수 있지만 진행형으로 쓰지는 않아요.

💬 **추가 표현**

· 〈hear+목적어+현재분사(ing)〉 ~가 …하는 것을 듣다

REAL 상황별 실전 회화 연습

훈련 동생의 목소리가 시끄러운 누나

> Close the door. 네 목소리 들려.

> Sorry for making noise.
> I left the door open.

· leave+명사+형용사/분사 ～을 …인 채로 두다 · make noise 시끄럽게 하다

도전! 강아지를 숨긴 동생

> There's no dog here.

> Really? But 개가 짖는 소리가 들리는데.

· hear+목적어+현재분사(ing) ～가 …하는 것을 듣다
· bark 짖다

훈련

A 문 닫아. I can hear you.

B 시끄럽게 해서 미안. 내가 문을 열어뒀네.

도전!

A 여기에 강아지 없다니까.

B 정말? 하지만 I can hear a dog barking.

원어민이 들려주는 리얼 영어

원어민들이 보통 전화통화 중에 Can you hear me?라는 표현을 쓰기도 하는데 '내 말 소리가 잘 들려?'라는 의미에요. 반면에 Can you listen to me?라고 하면 '내 말을 (집 중해서) 들어줄래?'라고 묻는 것이랍니다.

난 그에게 다 말해.

A 너 남편에게 비밀이 있어?

B 아니, 난 그에게 다 **말해**.

✗ I say him everything.

○ I tell him everything.

빅뱅이론(The Big Bang Theory) 대사 중

tell + 사람 + 내용 ~에게 …을 말하다

say와 tell 모두 '~을 말하다'는 의미지만 쓸 수 있는 문장 형태가 달라요. say는 바로 뒤에 듣는 사람을 목적어로 쓸 수 없어요. 대신 I said everything to him.처럼 'to 사람'을 문장 끝에 쓸 수는 있죠. tell은 4형식 동사로 〈tell + 듣는 사람 + 말하는 내용(명사구, 명사절, to부정사)〉의 문장 형태로 쓸 수 있기 때문에 위의 예문에 적절해요.

💬 **추가 표현**

· He told me <u>that he lied to me.</u> 그가 나에게 거짓말을 했다고 말했어.
· I will tell him <u>not to ask.</u> 내가 그에게 묻지 말라고 말할게.

REAL 상황별 실전 회화 연습 Track 54

훈련 남편에게 비밀이 없는 친구

> You keep things from your husband?

> No, 난 그에게 다 말해.

· keep ~ from 사람 …에게 ~을 말하지 않다(숨기다)

도전! 화가 난 이유 물어보기

> I'm so furious.

> What's up? 나한테 이유를 말해봐.

· furious 몹시 화가 난
· What's up? 무슨 일이야? · reason 이유

훈련

A 너 남편에게 비밀이 있어?
B 아니, I tell him everything.

도전!

A 나 정말 화가 나.
B 무슨 일이야? Tell me the reason.

🗣 원어민이 들려주는 리얼 영어

'말하다'와 관련해 원어민이 사용하는 단어는 say, tell, speak, talk이 있어요. say와 tell은 주로 말하는 '내용'에 집중하는 반면 speak, talk은 말하는 '행동' 그 자체에 집중해요. I'll speak/talk to her later.(내가 그녀에게 나중에 말할게.)처럼요.

DAY 55

여기 소파 편하다.

[가구점에서]

A 와, 여기 소파 **편하**다.

B 물론이지, 유명 브랜드 제품이잖아.

 The couches are convenient here.

 The couches are comfortable here.

워킹 데드(The Walking Dead) 대사 중

comfortable (가구·옷 등이) 편안한, (신체/정신적으로) 편한

convenient는 사용하기에 '편리한'이라는 뜻입니다. This system is convenient. (이 시스템 편리해.)처럼요. 또는 My house is convenient to the station.(내 집은 역이랑 가까워.)처럼 '거리가 가까워서 편리한'의 의미로도 쓰이죠. 반면 comfortable '(가구가) 편안한, 신체·정신적으로 편안한'이라는 뜻이기 때문에 위의 상황에 적절해요.

🔁 **유사 표현**

· **comfy** 편안한, 편한 (↔ uncomfortable 불편한)   · **cozy** (집, 방 등이) 편안한, 아늑한

REAL 상황별 실전 회화 연습 Track 55

훈련 소파를 쇼핑 중인 부부

 A Wow, 여기 소파 편하다.

Of course, they're name-brand. **B**

· couch 소파, 긴 의자
· name-brand 유명 브랜드의 (maker 메이커 ×)

도전! 의자가 불편한 친구

 A 이 자리 불편해.

I'll get you another chair. **B**

· seat 자리, 좌석
· uncomfortable 편하지 않은, 불편한

훈련

A 와, the couches are comfortable here.
B 물론이지, 유명 브랜드 제품이잖아.

도전!

A This seat is uncomfortable.
B 내가 다른 의자 가져다줄게.

🗣 원어민이 들려주는 리얼 영어

원어민들은 comfortable 혹은 uncomfortable을 정신적으로 편안한 감정을 묘사할 때도 씁니다. comfortable relationship(편한 사이), uncomfortable date(불편한 데이트)처럼요.

기억에 오래 남는 Review_Part 4

영어로 speak 　다음 문장들을 30초 안에 영어로 말해보세요.

1. 기다려, 나 (너한테) 가고 있어.
2. 따뜻한 코트 가져와.
3. 나 너무 늦게 잤어.
4. 여기 소파 편하다.
5. 나 그렇게 쳐다보지 마.
6. 여기 크고 깨끗해.
7. 즐거웠어.
8. 내가 너에게 돈 빌려줄 수 있어.
9. 난 그에게 다 말해.
10. 네 목소리 들려.

우리말로 speak 　다음 문장들을 30초 안에 우리말로 말해보세요.

1. Wait, I'm coming.
2. Bring a warm coat.
3. I got to bed so late.
4. The couches are comfortable here.
5. Don't look at me like that.
6. It's big and clean.
7. It was fun.
8. I can lend you money.
9. I tell him everything.
10. I can hear you.

PART 5

한 끗 차이도
놓칠 수 없어!

'30분 후'는 30 minutes later가 아니다?

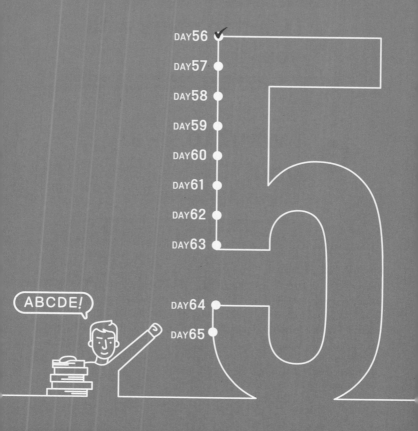

DAY56 ✔
DAY57
DAY58
DAY59
DAY60
DAY61
DAY62
DAY63

ABCDE!

DAY64
DAY65

DAY 56

나 너랑 결혼하고 싶어.

A 나 너랑 **결혼하고** 싶어.

B 나한테 청혼하는 거야?
우리 아직 준비 안됐잖아.

✕ I want to marry with you.

◯ I want to marry you.

위기의 주부들(Desperate Housewives) 대사 중

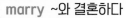

marry ~와 결혼하다

marry는 의미 자체가 '~와 결혼하다'입니다. 그래서 전치사 with와 함께 쓰이지 않아요. 단, **get married to 사람**(~와 결혼식을 올리다, 결혼하다)처럼 marry가 수동의 의미를 지닐 때 전치사 to를 쓸 수 있어요. marry처럼 전치사를 쓰지 않아도 되는 동사들은 discuss(~에 대해 논의하다), date(~와 데이트하다), divorce(~와 이혼하다)입니다.

🗨 추가 표현

· **get married (to 사람)** (~와) 결혼하다, 결혼식을 올리다
· **be married (to 사람)** (~와) 결혼한 상태이다

128

REAL 상황별 실전 회화 연습

Track 56

훈련 결혼하고 싶은 남자친구

A 나 너랑 결혼하고 싶어.

B Are you proposing to me?
We're not ready yet.

- propose to 사람 ~에게 청혼하다
- be ready 준비되다   · yet 아직

도전! 결혼식을 회상하는 친구

A 우리 교회에서 결혼했어.

B Yeah, that was your
dream wedding.

- get married 결혼하다   · wedding 결혼식

훈련

A I want to marry you.
B 나한테 청혼하는 거야? 우리 아직
  준비 안됐잖아.

도전!

A We got married in church.
B 그래, 그거 너희들 꿈의 결혼식이
  었지.

 원어민이 들려주는 리얼 영어

He will get married to her.(그는 그녀와 결혼해.)처럼 get married (to 사람)는 '(~
와) 결혼하다, 결혼식을 올리다'의 의미로 쓰여요. 이와 비교해서 I'm married.(나 결혼
했어.)처럼 be married는 결혼한 상태 즉, '유부녀, 유부남'이라는 의미를 내포한답니다.

넌 친구들 사이에 있어.

A 나 발표 전이라 긴장돼.

B 걱정 마. 넌 (많은) 친구들 **사이에** 있어.

✖ You're between friends.

⭘ You're among friends.

로스트(Lost) 대사 중

among ~ 사이에, ~에 둘러싸여

between과 among 모두 '~사이에'라는 뜻입니다. 단, between은 둘 사이에 있는 것을 가리키기 때문에 between A and B 형태로 자주 쓰입니다. among은 셋 이상 중 그 사이에 있는 것을 표현할 때 쓰는 전치사죠. 그래서 '~중에서'라는 의미로 특히 최상급 표현과도 함께 잘 쓰인답니다.

💬 추가 표현

· 〈최상급+among+복수(셋 이상)〉 ~중에서 가장 ~한　· among the crowd 군중 사이에

REAL 상황별 실전 회화 연습

훈련 발표 전 긴장한 친구 위로하기

> **A** I'm getting nervous before my presentation.

> **B** Don't worry.
> 넌 (많은) 친구들 사이에 있어.

· get nervous 긴장이 되다 · presentation 발표

도전! 늦게 온 이유

> **A** I've been waiting for you so long.

> **B** Sorry I'm late.
> 군중 사이에서 길을 잃었어.

· so long 정말 오래 · get lost 길을 잃다 · crowd 군중

훈련

A 나 발표 전이라 긴장돼.

B 걱정 마. You're among friends.

도전!

A 나 정말 오래 너를 기다렸어.

B 늦어서 미안. I got lost among the crowd.

🗣 원어민이 들려주는 리얼 영어

among(~속에, ~에 둘러싸여)과 유사한 의미를 가진 amid라는 단어가 있어요. 원어민들이 자주 사용하는 이 단어는 주로 심경이나 분위기를 나타내는 셀 수 없는 명사와도 함께 쓰일 수 있어요. amid confusion(혼란 가운데), amid rising tension(고조되는 긴장 속에서)처럼요.

DAY 58

30분 후에 거기서 보자.

A 우리 영화관에서 만나는 게 어때?

B 좋아. 30분 **후에** 거기서 보자.

✕ I'll see you there 30 minutes later.

◯ I'll see you there in 30 minutes.

쉐임리스(Shameless) 대사 중

in + 시간 (지금 부터) ~ 후에

later는 부사로 시간 표현과 쓰일 때 현재와 상관없이 '특정 시간 이후(after that time)'를 뜻합니다. He died a year later.(그는 1년 후 사망했다.)처럼요. 예문에서 '30분 후'는 현재부터(from now) 30분 후니까 전치사 in을 써야 합니다. 단 See you later.처럼 시간 표현 없이 later가 단독으로 쓰일 때는 '지금부터 나중에'의 의미와 같습니다.

💬 **추가 표현**

· in a few days 며칠 후에   · in three years 3년 후에

REAL 상황별 실전 회화 연습

훈련 약속 정하기

Why don't we meet at the cinema?

Great. 30분 후에 거기서 보자.

· cinema 영화관

도전! 업무 스케줄 확정 짓기

When will the schedule be fixed?

며칠 후에 내가 전화할게요.

· schedule 일정
· fix (일정 등을) 정하다 · a few days 며칠

훈련

A 우리 영화관에서 만나는 게 어때?
B 좋아. I'll see you there in 30 minutes.

도전!

A 일정이 언제 확정되나요?
B I'll call you in a few days.

원어민이 들려주는 리얼 영어

현재 시간이 4시 50분이고 My class ends in 10 minutes.라고 하면 5시에 수업이 끝난다는 뜻이에요. 만약 4시 57~58분에 끝난다고 표현하고 싶다면 within(~이내에)을 사용하세요. My class ends within 10 minutes.(수업이 10분 안에 끝나.)처럼요.

그거 인터넷에 있어.

A 너 그 소문 어디서 들었어?

B 그거 인터넷에 있어.

✖ It's **in** the Internet.

⭕ It's **on** the Internet.

가십걸(Gossip Girl) 대사 중

on the Internet 인터넷에, 인터넷상에

위의 예문은 어떤 정보나 자료가 인터넷 상에 있다는 의미인데요. 이런 경우 on the Internet처럼 전치사 on을 쓰는 것이 맞아요. 참고로, Internet이 사람들이 사용하는 인터넷 통신망을 의미할 때 관사 the를 함께 써줍니다. Internet access(인터넷 접속) 처럼 Internet이 다른 명사와 결합해 쓰이면 관사 the 없이 쓸 수 있고요.

💬 추가 표현

· buy ~ on the Internet ~을 인터넷에서 사다 (=buy ~ online)
· post ~ on the Internet ~을 인터넷에 올리다

REAL 상황별 실전 회화 연습

훈련 **소문의 근원지 찾기**

> **A** Where did you hear that rumor?

> **B** 그거 인터넷에 있어.

· rumor 소문

도전! **온라인 쇼핑몰 구매**

> **A** Where did you get this suitcase?

> **B** 나 이거 인터넷에서 샀어.

· suitcase 여행가방 (*cf.* carry-on 기내용 수화물)
· buy ~ on the Internet ~을 인터넷에서 사다

훈련

A 너 그 소문 어디서 들었어?
B It's on the Internet.

도전!

A 이 여행가방 어디서 샀어?
B I bought it on the Internet.

🗣 **원어민이 들려주는 리얼 영어**

Social Media에 대해서 말할 때 전치사 on을 함께 쓰는데, 원어민이 'Are you on Facebook?'이라고 물어보면 당황하지 마세요. '너 Facebook 해?'라는 뜻으로 Facebook 계정이 있는지, 활동을 하는지 물어보는 것이랍니다.

우리 내년까지 기다려야 해.

A Beyonce 공연 언제야?

B 우리 내년**까지** 기다려야 해.

We should wait by next year.

We should wait until next year.

모던 패밀리(Modern Family) 대사 중

---

until(=till) ~까지

by, until 모두 '~까지'라는 의미입니다. 하지만 〈by+시간〉은 특정 시간까지는 일이 끝나야 한다는 의미예요. I need to finish the work by Friday.(나 금요일까지 이 일 끝내야 해.)처럼요. 〈until+시간〉은 특정 시간 전까지 계속되어야 할 행동이나 사건과 함께 쓰이죠. 위의 예문에서 wait는 기다리는 행동이 계속된다는 의미기 때문에 until이 적절하답니다.

🔲 추가 표현

· The flight is delayed until 5. 비행기가 5시까지 연착되다.

훈련 내년 콘서트 기다리기

A (When is Beyonce's concert?)

B (우리 내년까지 기다려야 해.)

· concert 공연, 콘서트

도전! 항공편 연착

A (내 항공편 내일까지 미뤄졌어.)

B (That's unbelievable.)

· flight 항공편, 비행기
· delay 미루다, 연기하다 · unbelievable 믿을 수 없는

훈련

A Beyonce 공연 언제야?
B We should wait until next year.

도전!

A My flight is delayed until tomorrow.
B 믿을 수 없어.

🗣️ 원어민이 들려주는 리얼 영어

원어민의 관점에서 〈by+시간〉은 '기한, 마감'을 의미해요. I'll submit it by 5 p.m. 이라고 하면 5시에 또는 5시를 넘기지 않고 제출한다는 뜻이에요. 반면, 〈until+시간〉에서 The shop is closed until 5 p.m.이라고 하면 5시 전까지 계속 닫힌 상태로 5시 또는 5시 이후에는 문을 연다는 뜻이죠.

DAY 61

나 3월 이후로 일 안 했어.

A 너 일 잘 맞아?

B 사실, 나 3월 **이후로** 일 안 했어.

✕ I haven't worked from March.

○ I haven't worked since March.

내가 그녀를 만났을 때(How I Met Your Mother) 대사 중

---

since ~이래로 (과거부터 현재까지)

예문의 현재완료 시제(have p.p.)는 과거부터 현재까지 계속 일을 하지 않는 상태를 나타내는데요. 〈since+과거 시점/과거시제 문장〉은 '과거 시점 이후로 지금까지'라는 의미기 때문에 현재완료 시제와 쓰입니다. from은 과거, 현재, 미래 시제와는 쓰이지만 현재완료 시제와 거의 쓰이지는 않아요.

💬 **추가 표현**

· I've lived in New York <u>since I was 11</u>. 나 11살 때부터 뉴욕에 살았어.

REAL 상황별 실전 회화 연습

Track 61

훈련　일을 쉬고 있는 친구

A Does your work suit you well?

B Actually, 나 3월 이후로 일 안 했어.

· 직업·일+suit+사람 직업·일이 …에게 잘 맞다
· actually 사실　· haven't worked (현재까지) 일을 하지 않다

도전!　사라진 친구

A Did you see him this morning?

B No, 나 어제 이후로 걔 못 봤어.

· see 보다, (사람을) 만나다 (see – saw – seen)

훈련

A 너 일 잘 맞아?

B 사실, I haven't worked since March.

도전!

A 너 오늘 아침에 걔 봤어?

B 아니, I haven't seen him since yesterday.

🗣 원어민이 들려주는 리얼 영어

원어민들이 현재완료 시제(have p.p.)를 쓰는 경우 중에 과거의 일이 현재에 영향을 끼쳐 어떤 결과를 가져올 때에도 씁니다. 예를 들면 I've lost my wallet.(현재완료)이라고 하면 과거에 지갑을 잃어버려서 현재는 없다는 뜻이고요. I lost my wallet.(과거)이라고 하면 과거에 잃어버렸는데 현재 있는지 없는지 알 수 없답니다.

DAY 62

그분 2주 동안 휴가예요.

A 집주인을 만나볼 수 있나요?

B 그분 2주 **동안** 휴가예요.

✗ **He is on holiday during two weeks.**

○ **He is on holiday for two weeks.**

내가 그녀를 만났을 때(How I Met Your Mother) 대사 응용

---

for + 기간 ~동안

for과 during 모두 '~기간 동안'을 의미하지만 during은 뒤에 어떤 기간인지, 기간의 명칭이 옵니다. during holiday(vacation, exams)처럼요. 반면 for은 숫자가 포함된 기간을 뒤에 써서 '몇 시간, 며칠 동안'인지 구체적으로 명시할 때 씁니다.

추가 표현

· for a month 한 달 동안   · for a day 하루 동안

140

REAL 상황별 실전 회화 연습

Track 62

훈련 집주인 만나러 가기

A : Can I meet the landlord?

B : 그는 2주 동안 휴가예요.

· landlord 임대인, (렌트한 집의) 주인
· on holiday 휴가 중인

도전! 로마에 살았던 친구

A : Have you been to Italy?

B : Yes. 나 로마에 한 달 동안 있었어.

· have been to 장소 ~에 가 본 적이 있다

훈련

A 집주인을 만나볼 수 있나요?

B He is on holiday for two weeks.

도전!

A 너 이탈리아에 가 본 적 있어?

B 응. I was in Rome for a month.

🗣 원어민이 들려주는 리얼 영어

원어민들에게 **during**은 특정 시간 즉, 어떤 일이 언제 발생 했는지When something happens와 관련 있어요. 반면 **for**은 기간, 즉 얼마 동안 어떤 일이 발생 했는지How long something happens와 관련 있답니다.

DAY 63

며칠 전에.

A 두통이 언제 시작됐어?

B 며칠 전에. 그래서 내가 일에 집중을 못해.

✕ A few days before.

○ A few days ago.

로스트(Lost) 대사 중

기간 + ago ~ 전에

예문은 '현재로부터 며칠 전에'라는 뜻입니다. ago는 현재로부터 '~기간 전에'라는 의미를 나타내는 부사로 과거 시제에서만 쓰이는데 〈기간+ago〉 형태로 씁니다. 반면 before는 '~하기 전에'라는 의미의 전치사/접속사로, 〈before+사건, 시간〉으로 써 줍니다. 사건이나 시간을 나타내는 명사구나 문장이 오죠. I'll call you before the meeting.(회의 전에 전화할게.)처럼요.

* 문법 실수 클리닉 158쪽 18번 참고

➕ **추가 표현**

· a few hours ago 몇 시간 전에   · long ago 오래전에

REAL 상황별 실전 회화 연습

`Track 63`

훈련 두통이 심한 친구

When did the headache start?

며칠 전에. So I can't focus on my work.

· headache 두통 · focus on ~에 집중하다

도전! 머리 자른 친구

나 몇 시간 전에 머리 잘랐어.

You look refreshed.

· get one's hair cut 머리를 자르다
· look refreshed 상쾌해 보이다

훈련

A 두통이 언제 시작됐어?

B A few days ago. 그래서 내가 일에 집중을 못해.

도전!

A I got my hair cut a few hours ago.

B 너 상쾌해 보여.

🗣 원어민이 들려주는 리얼 영어

I've met him before.(나는 그를 전에 만난 적이 있어.)처럼 막연히 '이전에'라는 뜻으로 before를 현재완료 시제와 쓰기도 하는데요. ago는 I met him three years ago.(그를 3년 전에 만났어.)처럼 정해진 특정 과거 시점을 콕 집어 알려주기 때문에 현재완료 시제와는 쓰지 않아요.

DAY 64

나 6월 8일에 떠나.

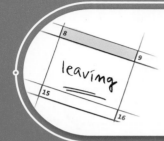

A 너 언제 떠나?

B 나 6월 8일에 떠나.

❌ I'm leaving **in** June 8th.

⭕ I'm leaving **on** June 8th.

더 오피스(The Office) 대사 중

---

on + 요일, 날짜 ~에

연도, 달 앞에는 전치사 in을 쓰고 날짜, 요일 앞에는 전치사 on을 씁니다. I was born in 1998., I have a test in July.처럼요. 단, 6월 8일처럼 정확히 날짜를 말하는 경우에는 달이나 연도가 와도 on을 쓰는 게 맞아요. 며칠인지 날짜까지 명시해주었기 때문이죠. 날짜 말하는 방식을 I'm leaving on the 8th of June.으로 바꾸어 생각해보면 쉬워요.

🗨️ **추가 표현**

· I was born on July 9th, 1998. 나는 1998년 7월 9일에 태어났어.

REAL 상황별 실전 회화 연습

훈련 떠날 예정인 친구

A When are you leaving?

B 나 6월 8일에 떠나.

· I'm leaving on ~ ~에 떠나
(현재진행형이 가까운 미래를 표현할 수 있음)

도전! 생년월일 물어보기

A When were you born?

B 1988년 9월 26일이요.

· When were you born? 생년월일이 언제예요?
(=When is your date of birth?)

훈련

A 너 언제 떠나?

B I'm leaving on June 8th.

도전!

A 생년월일이 언제예요?
 (언제 태어났어요?)

B (I was born on) September
 26th, 1988.

🗣 **원어민이 들려주는 리얼 영어**

2018년 12월 31일을 표기한다면, 미국의 선호 방식은 달month/날짜day/년도year 순
으로 예를 들면 12/31/2018입니다. 확장된 형태는 December 31, 2018처럼 콤마를
사용해 표기하기도 한답니다.

나 지하철에서 잠들었어.

A 왜 이렇게 늦었어?

B 나 지하철**에서** 잠들었어.

 I fell asleep in the subway.

 I fell asleep on the subway.

프렌즈(Friends) 대사 중

on+교통수단 ~에 탑승한, ~에서

in과 on 모두 교통수단을 뒤에 써서 '~에 탑승한, ~에서'의 의미가 됩니다. 그런데 in은 주로 몸을 구부려서 타는 자동차, 택시처럼 작은 교통수단에 쓰여요. in a car, in a taxi처럼요. on은 서서 탈 수 있는 큰 교통수단에 쓰이죠. 예문처럼 지하철, 버스, 비행기, 기차 등에 해당된답니다.

🔁 **추가 표현**

· get on(in)/off 교통수단 ~을 타다/~에서 내리다   · catch 교통수단 ~을 타다, 잡다

REAL 상황별 실전 회화 연습

훈련 약속에 늦은 이유

A Why are you so late?

B 나 지하철에서 잠들었어.

· fall asleep 잠들다, 곯아떨어지다

도전! 전화로 길 알려주기

A 나 버스 타고 있어.

B Then get off at the last stop.

· get off ~에서 내리다 (↔ get on(in) ~을 타다)
· stop 정류장

훈련

A 왜 이렇게 늦었어?

B I fell asleep on the subway.

도전!

A I'm on the bus.

B 그럼 종점에서 내려.

🗣 원어민이 들려주는 리얼 영어

원어민들이 어떤 교통수단을 타고 이동한다고 표현하고 싶을 때 전치사 by를 씁니다. 이 때 교통수단 종류에 상관없이 쓸 수 있어요. I went to school by bus. 또는 I went to work by subway.처럼요. 단, 교통수단 앞에 관사 a, the를 쓰진 않는답니다.

기억에 오래 남는 **Review**_Part 5

영어로 speak 〉 다음 문장들을 30초 안에 영어로 말해보세요.

1. 나 너랑 결혼하고 싶어.
2. 30분 후에 거기서 보자.
3. 그거 인터넷에 있어.
4. 넌 친구들 사이에 있어.
5. 그분 2주 동안 휴가예요.
6. 며칠 전에.
7. 나 지하철에서 잠들었어.
8. 나 6월 8일에 떠나.
9. 나 3월 이후로 일 안 했어.
10. 우리 내년까지 기다려야 해.

우리말로 speak 〉 다음 문장들을 30초 안에 우리말로 말해보세요.

1. I want to marry you.
2. I'll see you there in 30 minutes.
3. It's on the Internet.
4. You're among friends.
5. He is on holiday for two weeks.
6. A few days ago.
7. I fell asleep on the subway.
8. I'm leaving on June 8th.
9. I haven't worked since March.
10. We should wait until next year.

영어 실수 예방 부록

[부록 1] 문법 실수 클리닉

[부록 2] 주제별 Review List - 영어 실수 예방 영어 표현

문법 실수 클리닉

1 그는 여기 직원이에요.

✗ He is a staff here.

○ He is **an employee** here.

집합명사 staff는 집합명사로 한 직장의 '직원 전체'를 의미합니다. 한 사람의 직원을 의미하려면 an employee를 대신 쓰거나 간단히 He works here.(그는 여기서 일해.)라고 말할 수도 있어요. 유사한 예의 집합명사로는 family(한 가족 전체 구성원), audience(청중 전체)도 있답니다.

· I manage the **staff**(= staff members). 나 직원들 관리해.
· I'll discuss this issue with my **staff**. 제가 직원들과 이 쟁점을 논의해볼게요.
· How is your **family**? 너희 가족 어떻게 지내?
· The **audience** was quite large in this session.
  이번 시간에 청중이 꽤 많았어.

2 나 돈이 좀 있어.

✗ I have little money.

○ I have **a little** money.

little vs. a little 셀 수 없는 명사의 '양'을 나타낼 때 a little은 '약간의', little은 '거의 없는'이라는 뜻입니다. 반면 셀 수 있는 명사는 a few(약간의, 몇몇의) few(거의 없는)와 쓰이며 이때 명사는 복수형이어야 해요.
*참고: many는 셀 수 있는 명사, much는 셀 수 없는 명사와 쓰임(주로 부정문·의문문에 쓰임)

· I have **little** money. 나 돈이 거의 없어.
· I'll tell you in **a few** minutes. 몇 분 후에 너에게 말할게.
· He is a man of **few** words. 그는 과묵해.(말이 거의 없는 사람이야.)
· I didn't lose **much** weight. 나 살이 많이 안 빠졌어.

3 모든 사람이 날 보고 있었어.

✗ Everybody were looking at me.

○ Everybody was looking at me.

부정대명사 everybody는 '모두, 모든 사람'이라는 의미로 복수형으로 생각하기 쉬우나 단수 취급하여 단수 동사와 쓰입니다. everything(모든 것), everyone(모든 사람) 역시 단수취급하는 같은 예에 해당되는 부정대명사니 함께 알아두세요.

- Everybody **was** surprised at the rumor. 모든 사람이 그 소문에 놀랐어.
- Everything **is** good so far. 지금까지 모든 게 다 좋아.
- Everyone **knows** that news. 모든 사람이 그 소식을 알아.

4 우리들 중 한 명은 미국인이야.

✗ One of us are American.

○ One of us is American.

수 일치 〈one of+복수명사〉는 '~들 중 하나'라는 뜻으로 주어 자리에 오는 경우 동사의 단수형을 써주어야 합니다. 특히 one of 뒤에는 반드시 복수명사가 와야 한다는 점을 기억해두세요.

- One of them **likes** you. 걔네들 중 한 명이 너를 좋아해.
- One of these two **is** yours. 이 두 개 중 한 개가 네 거야.
- That is one of my **favorites**. 그거 내가 가장 좋아하는 것들 중 하나야.
- He is one of my best **friends**. 그는 내 친한 친구들 중 한 명이야.

5 나 미국에 가 봤어.

✗ I've been to US.

○ I've been to the US.

국가명 앞에 관사 the 일반적으로 국가명 앞에는 정관사 the를 붙이지 않습니다. 단, 여러 개의 섬이나 미국(the United States)처럼 여러 개의 주(states)가 모인 국가명 앞에는 항상 정관사 the를 쓴다는 점을 알아두세요.

· I studied in the UK(the United Kingdom). 나 영국에서 공부했어.
· What is the capital of the Philippines? 필리핀의 수도가 뭐죠?
· I've been to the Netherlands once. 나 네덜란드에 한 번 가 봤어.
· *cf.* She's from Canada. 그녀는 캐나다 출신이야.

6 저녁 먹었어?

✗ Did you have a dinner?

○ Did you have dinner?

식사명은 무관사 식사명(breakfast, lunch, dinner) 앞에는 관사 a/an이나 the를 쓰지 않습니다. 단, 식사명 앞에 형용사가 오거나 식사의 질에 대해 말할 때는 관사가 붙을 수 있어요. (아래 *cf.* 참고)

· I had lunch. 나 점심 먹었어.
· Did you have breakfast? 아침 식사했어?
· *cf.* The dinner was great. 그 저녁 식사는 훌륭했지.
· *cf.* It was a fantastic breakfast. 그건 정말 환상적인 아침 식사였어.

7 나 지루해.

✗ ┤ I'm boring.

○ ┤ I'm bored.

과거분사형 형용사 과거분사(p.p.)형 형용사는 일반적으로 동사원형 뒤 -(e)d
가 붙어 감정을 나타내는 형용사로 쓰이는데, 주로 주어가 사람인 경우 과거분
사형 형용사를 써서 '어떤 사람이 ~한 감정을 느끼게 된'이라는 의미를 나타냅
니다. 따라서 위의 예문은 bored(지루한, 지루한 감정을 느낀)가 적절하겠죠.

- I'm **excited**. 나 정말 신나. (excited: 신나는)
- I'm **shocked**. 나 충격 받았어. (shocked: 충격 받은)
- I'm so **frustrated**. 나 정말 답답해. (frustrated: 답답한, 좌절한)
- I'm **satisfied** with this meal. 나 이 식사에 만족해. (satisfied: 만족한)

8 그 영화 지루했어.

✗ ┤ The movie was bored.

○ ┤ The movie was boring.

현재분사형 형용사 현재분사형(-ing) 형용사는 동사원형 뒤 -ing가 붙어 형
용사처럼 쓰여 주로 주어가 사물/사건일 때 현재분사형 형용사를 써서 '사물/
사건이 ~한 감정을 느끼게 만드는'의 의미를 나타냅니다. 따라서 위의 예문은
boring(지루하게 하는)이 적절하겠죠.

- This game is so **exciting**! 이 게임 진짜 신나네. (exciting: 신나게 하는)
- That news is **shocking**. 그 소식은 충격적이야. (shocking: 충격을 주는)
- It's so **frustrating**. 그거 정말 답답해. (frustrating: 답답하게 하는, 좌절시키는)
- My work is **satisfying**. 내 일은 만족스러워. (satisfying: 만족을 주는)

9 나 겁나.

❌ I'm scary.

⭕ I'm scared.

형용사 vs. 과거분사형 형용사 scary는 '사물·사건이 ~를 무섭게 하는'이라는 뜻의 형용사로 I'm scary.라고 하면 '나 무서운(다른 사람을 무섭게 하는) 사람이야.'라는 뜻이 됩니다. 반면 '어떤 사람이 무서운 감정을 느끼는, 겁먹은'이라는 의미를 나타내려면 과거분사형 형용사 형태인 scared를 써야 합니다.

- The roller coater is scary. 롤러코스터 무서워
- Traffic jams are stressful. 교통 체증은 스트레스를 줘.
- It was a stressful time. 스트레스 많은 시간이었어.
- I'm stressed out these days. 나 요즘 스트레스 받아.

10 너 운전 너무 빨리해.

❌ You drive too fastly.

⭕ You drive too fast.

형용사와 부사 1 fast는 형용사(빠른), 부사(빨리)로 모두 쓰입니다. fastly라고 쓰지 않아요. 이처럼 형용사와 부사 형태가 같은 어휘들로 early(이른/일찍), far(먼/멀리), high(높은/높이) 등이 있답니다. 단, slow는 형용사, 부사 모두 쓰이지만 부사 의미의 slowly가 존재합니다.

- I learned French at an early age. 나는 어린 나이에 불어를 배웠어. (형)
- I woke up early this morning. 나 아침 일찍 일어났어. (부)
- It's not too far from here. 여기서 그렇게 멀지 않아. (형)
- How far is it from this city? 이 도시에서 얼마나 멀어? (부)

11 너 정말 열심히 일하는구나.

❌ You really work hardly.

⭕ You really work hard.

형용사와 부사 2 hard는 형용사(열심히 하는)와 부사(열심히) 역할을 모두 할 수 있는데, 뒤에 ly를 붙이면 '거의 ~ 아니다'라는 다른 뜻의 부사가 됩니다. 이처럼 뒤에 -ly가 붙어 또 다른 의미의 부사를 나타내는 단어에는 high(높은/높이), near(가까운/가까이) 등이 있으며, 혼동하지 않도록 주의해야 합니다. (highly: 매우, nearly: 거의, lately: 최근에, 요즘)

- I can hardly hear you. 네 말 거의 안 들려.
- I highly recommend John to your company.
  저는 John을 당신의 회사에 매우 추천해요.
- I've nearly finished this book. 나 이 책 거의 다 끝냈어(읽었어).
- He hasn't been feeling well lately. 그는 요즘 몸이 안 좋아.

12 너 행복해 보여.

❌ You look like happy.

⭕ You look happy.

감각동사 '~처럼 보이다'는 〈look+형용사〉 또는 〈look like+명사〉의 형태가 모두 가능해요. 전치사 like가 쓰일 때 뒤에 명사가 오는 것에 유의하세요. look과 같은 형식으로 쓰이는 감각동사는 smell(~한 냄새가 나다), feel(~하게 느끼다), sound(~하게 들리다) 등이 있어요.

- You look serious. 너 심각해 보여.
- You look like a doll. 너 인형처럼 보여.
- It smells bad. 안 좋은 냄새가 나.
- It smells like chocolate. 초콜릿 냄새가 나.

13   나한테 말해줘서 고마워.

×   Thank you for tell me.

○   Thank you for **telling** me.

전치사＋동명사 동명사는 〈동사원형＋ing〉 형태로 동사가 명사의 역할을 하는 것이죠. 전치사는 목적어로 명사를 취하기 때문에 명사 또는 동명사를 써야 하는데요. 특히 be used to(~에 익숙하다), look forward to(~을 기대하다) 표현에서 전치사 to를 to부정사(to 동사원형)로 착각하지 않도록 유의하세요.

- · I'm used to **driving**. 나 운전하는 거 익숙해.
- · I'm looking forward to **meeting** you. 너 만나는 게 기대돼.
- · He left without **saying** goodbye. 그는 작별인사 없이 떠났어.
- · He is good at **speaking** Chinese. 그는 중국어를 잘해.

14   나 기념품 사는 거 잊었어.

×   I forgot buying souvenirs.

○   I forgot **to buy** souvenirs.

동명사 vs. to 부정사 remember, forget, regret는 뒤에 목적어가 동명사(-ing)면 주로 과거에 일을, to부정사(to 동사원형)이면 미래에 대한 일을 나타냅니다. 〈forget＋동명사〉는 '~했던 것을 잊다(과거의 일)', 〈forget＋to 부정사〉는 '~해야 할 것을 잊다(미래의 일)'인 것처럼요.

- · I remember **meeting** you. 난 너를 만났던 것을 기억해.
- · I remembered **to call** you. 난 너에게 전화해야 하는 걸 기억했어.
- · I regret **quitting** smoking. 나 담배 끊은 것 후회해.
- · I regret **to tell** you this. 너에게 이 말을 하게 되어서 유감이야.

15 난 그녀를 믿지 않아.

✕ I'm not believing her.

◯ I don't **believe** her.

진행형 불가 동사 정신 또는 감정과 관련된 동사들(believe, like, know 등)은 현재진행형(be동사 -ing)으로 거의 쓰이지 않아요. 참고로 see가 '이해하다(understand)', feel, think가 '~한 의견을 가지다(have an opinion)'와 같은 의미로 쓰이는 경우에도 현재진행형으로 쓰지 않는답니다.

- I **like** this music. 나 이 음악 좋아. (I'm liking ~.)
- I **see** what you mean. 네가 한 말 이해해. (I'm seeing ~.)
- I **know** his name. 나 걔 이름 알아. (I'm knowing ~.)
- I **think** you should stop. 난 네가 멈춰야 된다고 생각해. (I'm thinking ~.)

16 A: **너 올 수 없어?**   B: **응, 못 가.**

✕ A: Can't you come?   B: Yes, I can't.

◯ A: Can't you come?   B: **No**, I can't.

부정 의문문 대답 의문문이 부정문이어도 대답이 긍정이면 Yes, 부정이면 No입니다. 즉, 일반 의문문과 똑같은 대답 방식입니다. 예문처럼 '너 올 수 없어?'에 대한 대답은 갈 수 없다면(부정) No로, 갈 수 있다면(긍정) Yes로 대답하면 됩니다.

A: Didn't you join the club?
너 그 동아리 가입하지 않았어?

B: **Yes**, I joined last year.
응, 작년에 가입했어.

A: Didn't you hear what he said?
너 걔가 한 말 못 들었어?

B: **No**, I didn't.
응, 못 들었어.

✗ A ㄱ B 하
○ ABCD

17 나 스페인 가 본 적 있어.

✗ { I have gone to Spain.

○ { I have been to Spain.

현재완료 용법의 의미 차이 현재완료 시제는 〈have / has+p.p.〉 형태로 위의 예문은 스페인에 가본 '경험'을 말하는 것인데 have gone to는 '~에 가 버려서 지금 여기 없다(결과)'의 의미라서 적절하지 않아요. have been to는 '~에 가 본 적이 있다, ~에 갔다 왔다(경험)'의 의미라서 맞는 문장이고요.

*참고: have gone to는 1·2인칭 주어와 쓰지 않음.

· She **has been to** New York once. 그녀는 뉴욕에 한 번 가 본 적 있어. (경험)
· She **has gone to** New York. 그녀는 뉴욕으로 가 버렸어. (결과)
· **Have** you ever **been to** Japan? 너 일본에 가 본 적 있어? (경험)
· **Has** he **gone to** Japan? 그가 일본에 가 버렸어? (결과)

18 너 언제 왔어?

✗ { When have you come?

○ { When did you come?

과거 시제 vs. 현재완료 시제 when(언제)으로 시작하는 의문문이나 ago(~ 전에), yesterday(어제) 같은 명확한 과거를 나타내는 부사(구)가 있을 때는 현재완료 시제를 쓰지 않아요. 대신 과거 시제와 함께 씁니다.

· When **did** you meet her? 넌 언제 그녀를 만났어?
· I **left** the office three hours ago. 나는 3시간 전에 퇴근했어.
· I **lost** my laptop yesterday. 나 어제 노트북 잃어버렸어.
· I **was** drunk at that time. 나 그때는 취했어.

19 정말 즐거운 시간이었어.

✗ It was so a good time.

○ It was **such** a good time.

so vs. such 강조하는 표현으로 so와 such를 혼동하는데요. 위의 예문에서 such는 〈such(+관사+형용사)+명사〉의 형태로 '그렇게, 대단히, 매우'라는 강조의 의미를 나타냅니다. 반면 so의 경우는 〈so+형용사/부사(+관사+명사)〉의 형태로 '매우, 아주'라는 강조의 의미를 나타냅니다.

· It was **so** good. 정말 좋았어.
· She drives **so** fast. 그녀는 정말 빨리 운전해.
· It's **such** nice weather. 날씨 정말 좋다.
· She is **such** a kind woman. 그녀는 정말 친절한 여자야.

20 도착하면 전화해.(도착하는 것이 확실한 상황)

✗ Call me if you arrive.

○ Call me **when** you arrive.

when vs. if if (만일 ~한다면)는 불확실한 상황에 대한 가정을 표현합니다. 위의 예문은 친구가 도착할 것이 예정되어 있기 때문에 if를 쓰지 않아요. 이럴 때는 접속사 when을 씁니다. '집에 도착하면, 집에 도착할 때'의 의미로요.

· **If** it rains tomorrow, stay home. 만일 내일 비가 온다면 집에 있어.
· **If** he leaves, I won't be able to stand it.
  그가 떠난다면 난 견딜 수 없을 거야.
· **When** it rains, I usually stay home. 비가 오면 나는 주로 집에 있어.
· **When** he comes, I'll pick him up. 그가 오면 내가 데리러 갈게.

영어 실수 예방 영어 표현

감정, 건강

사회생활, 인간관계

서비스, 쇼핑

일상생활

직장

특별 행사, 학교 생활

매일 10분
원어민 영어 클리닉의 기적
어색한 한국식 영어가
진짜 원어민 영어가 된다!

초판 1쇄 발행 2018년 5월

저자 키 영어학습방법연구소

펴낸이 김기중

펴낸곳 ㈜키출판사

전화 1644-8808 / **팩스** 02)733-1595

등록 1980. 3. 19.(제16-32호)

ISBN 979-11-88808-24-3 13740